Schaum's Foreign Language Series

Communicating in German

Advanced Level

Lois M. Feuerle

Conrad J. Schmitt

D1299536

McGraw-Hill, Inc.

New York   St. Louis   San Francisco   Auckland   Bogotá
Caracas   Lisbon   London   Madrid   Mexico City   Milan
Montreal   New Delhi   San Juan   Singapore
Sydney   Tokyo   Toronto

Sponsoring Editor: John Aliano
Production Supervisor: Denise Puryear
Editing Supervisor: Patty Andrews

Text Design and Composition: Suzanne Shetler/Literary Graphics
Cover Design: Merlin Communications and Amy E. Becker
Illustrations: Grace Coughlan/Grace Design
Art Pasteup: Graphic Connexions, Inc.
Printer and Binder: Arcata Graphics/Martinsburg was printer and binder.

Cover photographs courtesy of the German Information Center

Communicating in German Advanced

2 3 4 5 6 7 8 9 0 AGM AGM 9 0 9 8 7 6 5 4 3

ISBN 0-07-056941-X

Library of Congress Cataloging-in-Publication Data
Feuerle, Lois.
    Communicating in German: advanced level / Lois Feuerle, Conrad J. Schmitt.
        p.   cm. — (Schaum's foreign language series)
    Includes index.
    ISBN 0-07-056941-X
    l. German language — Conversation and phrase books — English.
    I. Schmitt, Conrad J.   II. Title.   III. Series.
PF3121.F467 1995
438.3'421—dc20   93-24672
                                                          CIP

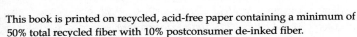 This book is printed on recycled, acid-free paper containing a minimum of 50% total recycled fiber with 10% postconsumer de-inked fiber.

About the Authors

Lois M. Feuerle

Lois M. Feuerle is Adjunct Assistant Professor of German and Translation in the Department of Foreign Languages at the New York University School of Continuing Education, where she is also the Coordinator of the Certificate in Translation Program. She has taught German to students of all ages, ranging from the first grade to university students and beyond. She has extensive experience teaching adult learners in a variety of contexts. Prior to teaching at NYU SCE, she taught German to students at the University of Kansas (both in Kansas and at the Intensive Language Institute in Holzkirchen, Germany), Marshall University, and the German Language School of Morris Plains. Dr. Feuerle's study of foreign language acquisition also includes work in applied linguistics and in teaching English as a Second Language. She has taught English to non-native speakers at the Pädagogische Hochschule in Kiel, Germany, and to upper-echelon executives at companies both in Germany and in the United States. After receiving an undergraduate degree in German and English from the University of Vermont, Ms. Feuerle studied Germanistik for two years at the Christian-Albrechts-Universität in Kiel, Germany, where she wrote her master's thesis in German under Dr. Erich Trunz. Ms. Feuerle also studied in Vienna and attended the Akademie für bildende Künste in Salzburg, Austria. She has worked and studied in German-speaking countries for an extended period of time. She has translated a number of books and law review articles as well as a wide variety of other legal materials from German into English. She holds both a Ph.D. from the University of Kansas and a J.D. from the School of Law at New York University.

Conrad J. Schmitt

Mr. Schmitt was Editor-in-Chief of Foreign Language, ESL, and bilingual publishing with McGraw-Hill Book Company. Prior to joining McGraw-Hill, Mr. Schmitt taught languages at all levels of instruction, from elementary school through college. He has taught Spanish at Montclair State College, Upper Montclair, New Jersey; French at Upsala College, East Orange, New Jersey; and Methods of Teaching a Foreign Language at the Graduate School of Education, Rutgers University, New Brunswick, New Jersey. He also served as Coordinator of Foreign Languages for the Hackensack, New Jersey Public Schools. Mr. Schmitt is the author of *Schaum's Outline of Spanish Grammar, Schaum's Outline of Spanish Vocabulary, Español: Comencemos, Español: Sigamos,* and the *Let's Speak Spanish* and *A Cada Paso* series. He is the coauthor of *Español: A Descubrirlo, Español: A Sentirlo, La Fuente Hispana,* the McGraw-Hill Spanish: *Saludos, Amistades, Perspectivas, Le Français: Commençons, Le Français: Continuons,* the McGraw-Hill French: *Rencontres, Connaissances, Illuminations, Schaum's Outline of Italian Grammar, Schaum's Outline of Italian Vocabulary,* and *Schaum's Outline of German Vocabulary.* Mr. Schmitt has traveled extensively throughout France, Martinique, Guadeloupe, Haiti, North Africa, Spain, Mexico, the Caribbean, Central America, and South America. He presently devotes his full time to writing, lecturing, and teaching.

Preface

To the Student

The purpose of the series *Communicating in German* is to provide the learner with the language needed to survive in situations in which German must be used. The major focus of the series is to give the learner essential vocabulary needed to communicate in everyday life. The type of vocabulary found in this series is frequently not presented in basal textbooks. For this reason, many students of German are reduced to silence when they attempt to use the language to meet their everyday needs. The objective of this series is to overcome this frustrating problem and to enable the learner to express himself or herself in practical situations.

The series consists of three books, which take the learner from a novice or elementary level of proficiency to an advanced level. The first book in the series presents the vocabulary needed to survive at an elementary level of proficiency and is intended for the student who has not had a great deal of exposure to the German language. The second book takes each communicative topic and provides the student with the tools needed to communicate at an intermediate level of proficiency. The third book is intended for the student who has a good basic command of the language but needs the specific vocabulary to communicate at a high intermediate or advanced level of proficiency. Let us take the communicative topic "speaking on the telephone" as an example of the way the vocabulary is sequenced in the series. The first book enables the novice learner to make a telephone call and leave a message. The second book expands on this and gives the learner the tools needed to place different types of calls. The third book provides the vocabulary necessary to explain the various problems one encounters while telephoning and also enables the speaker to get the necessary assistance to rectify the problems.

Since each chapter focuses on a real-life situation, the answers to most exercises and activities are open-ended. The learner should feel free to respond to any exercise based on his or her personal situation. When doing the exercises, one should not focus on grammatical accuracy. The possibility of making an error should not inhibit the learner from responding in a way that is, in fact, comprehensible to any native speaker of the language. If a person wishes to perfect his or her knowledge of grammar or structure, he or she should consult *Schaum's Outline of German Grammar, 3/ed*.

In case the student wishes to use this series as a reference tool, an Appendix appears at the end of each book. The Appendix contains an English-German vocabulary list that relates to each communicative topic presented in the book. These topical lists are cumulative. The list in the third book contains all the words in the first, second, and third books that are related to the topic.

In each lesson, the section entitled **Aus dem Alltag** sets up hypothetical situations the learner may encounter while attempting to survive in a German-speaking milieu. In carrying out the instructions in these activities, the student should react using any German he or she knows. Again, the student should not be inhibited by fear of making an error.

The section entitled **Einblick ins Leben** gives the learner the opportunity to see and read realia and articles that come from all areas of the German-speaking world. The intent of this section is to give the learner exposure to the types of material that one must read on a daily basis. It is hoped that the learner will build up the confidence to take an educated guess at what "real things" are all about without necessarily understanding every word. Communicating in the real world very often involves getting the main idea rather than comprehending every word.

To the Instructor

The series *Communicating in German* can be used as a self-instruction tool or as a supplement to any basal text. The first book is intended for novice to low intermediate speakers according to the ACTFL Guidelines. The second book provides the type of vocabulary needed to progress from a low to high intermediate level of proficiency, and the third book, from the high intermediate to the advanced level.

The series is developed to give students the lexicon they need to communicate their needs in real-life situations. It is recommended that students be permitted to respond to the exercises and activities freely without undue emphasis on syntactical accuracy.

To order, please specify ISBN 0-07-056934-7 for the novice/elementary level, ISBN 0-07-056938-X for the intermediate level, and ISBN 0-07-056941-X for the advanced level. For the latest prices, please call McGraw-Hill's customer relations department at 1-800-338-3987.

Lois M. Feuerle
Conrad J. Schmitt

Contents

Communicative Topics

Social Situations: Saying the Right Thing

Communicative Topics

Kapitel 1

Das Telefonieren

Wortschatz

Der Apparat funktioniert nicht.
Der Apparat ist *außer Betrieb*.   out of order
Es gibt kein *Amtszeichen*.   dial tone
Es gibt keinen *Wählton*.   dial tone

Die Leitung ist nicht frei.
Die Leitung ist *besetzt*.   busy
Jemand redet.
Es gibt ein *Besetztzeichen* (einen *Besetztton*). busy signal

Wir haben eine *schlechte Verbindung*.   *bad connection*
Die Leitung ist *gestört*.   *out of order*

Wir sind *unterbrochen* worden.   *cut off, disconnected*

Ich habe falsch gewählt.   *I dialed a wrong number.*
Ich habe mich verwählt.   *I dialed a wrong number.*

Niemand nimmt (hebt) ab.
Niemand antwortet.

Übung 1   Choose the correct completion to each of the following mini-conversations.

1. Ich glaube das Telefon funktioniert nicht.
   a. Warum? Gibt es ein Besetztzeichen?
   b. Warum? Hast du falsch gewählt?
   c. Warum? Gibt es keinen Wählton?
2. Ich glaube Jens redet.
   a. Warum? Ist die Leitung besetzt?
   b. Warum? Nimmt niemand ab?
   c. Warum? Wurdest du unterbrochen?
3. Ich habe falsch gewählt.
   a. Hast du eine schlechte Verbindung?
   b. Brauchst du das Telefonbuch?
   c. Ist der Apparat außer Betrieb?

4. Wie hört es sich an, wenn die Leitung besetzt ist?
   a. Man hört ein schnelles unterbrochenes Zeichen.
   b. Es klingelt.
   c. Jemand redet.
5. Niemand antwortet.
   a. Jemand ist am Apparat.
   b. Niemand nimmt ab.
   c. Wer spricht, bitte?

Gespräch

Schwierigkeiten beim Telefonieren

KUNDE	Fräulein, ich komme nicht zur Nummer 42 71 80 04 durch.
VERMITTLUNG	Was ist das Problem?
KUNDE	Ich bin unterbrochen worden.
VERMITTLUNG	Das tut mir leid. Bleiben Sie bitte am Apparat und ich verbinde Sie.

Übung 2   Answer the questions based on the preceding conversation.

1. Mit wem redet der Kunde?
2. Hat er Schwierigkeiten gehabt?
3. Was war das Problem?
4. Welche Nummer hat er gewählt?
5. Wird die Vermittlung ihn verbinden?

Die Leitung ist besetzt

URSULA	Dieter, was ist los?
DIETER	Ursula, hör' mal. Wie hört sich das Besetztzeichen an?
URSULA	Hörst du ein schnelles unterbrochenes Zeichen?
DIETER	Ich glaub' ja.
URSULA	Gib mir den Hörer. Ja, ja. Das ist das Besetztzeichen. Die Leitung ist besetzt.
DIETER	Leg' auf. Ich versuch's später noch einmal.

ÜBUNG 3   Answer the questions based on the preceding conversation.

1. Wer hat telefoniert?
2. Was hat er nicht erkannt?
3. Wie heißt ein schnelles unterbrochenes Zeichen?
4. Was bedeutet dieses Zeichen?

Falsch verbunden

INGE KOCH	Hier Koch.
JÜRGEN	Kann ich bitte mit Annemarie sprechen?
INGE	Annemarie?
JÜRGEN	Ja, Annemarie Diedrichsen.
INGE	Es tut mir leid. Sie haben falsch gewählt.
JÜRGEN	Entschuldigung. Das tut mir leid.

Übung 4   Answer the questions based on the preceding conversation.

1. Wen wollte Jürgen anrufen?
2. Hat Annemarie das Telefon beantwortet?
3. Wer hat das Telefon beantwortet?
4. Ist Annemarie da?
5. Sie ist nicht da? Warum nicht?

AUS DEM ALLTAG

Beispiel 1

You have rented a studio in Schwabing while you are spending a year at the Maximilian University in Munich.
1. When you pick up the receiver of the telephone in your apartment, you cannot get a dial tone. The telephone must be out of order. Call the telephone company **(die Bundespost)** from a nearby pay phone.
2. You just called someone and got a wrong number. Apologize.
3. You just received a call and the person evidently has gotten the wrong number. Tell him.
4. You have just made a long-distance call home and gotten a lot of static. Call the operator, tell her what happened, and ask her to reconnect you. Tell her that you do not want to be charged for the original call.

EINBLICK INS LEBEN

Beispiel 1

Read the following instructions for making telephone calls in Germany.

Hinweise zum Telefonieren

Benutzung des Telefons

Beachten Sie bitte:
- Hörer nur zum Telefonieren abheben.
- Erst nach Ertönen des Wähltons wählen.
- Nach Gesprächsende den Hörer richtig auflegen, damit die Gebührenzählung beendet wird.
- Bei Störungen des Telefons 1171 bzw. 01171 anrufen.

Signaltöne

Achten Sie auf die Signaltöne und Hinweisansagen!

Bei Vermittlungen mit elektronischem Wählsystem (EWS) und bei selbstgewählten Gesprächen in das Ausland sind abweichende Signaltöne zu hören.

Töne im Inlandsverkehr	Bedeutung
ü ü ü ü ü ü ü ü	**Wählton:** Bitte wählen.
tüüt tüüt	**Freiton:** Der erreichte Anschluß ist frei und wird gerufen.
tüt tüt tüt tüt tüt tüt	**Besetztton:** Der erreichte Anschluß order die Leitungswege sind besetzt.
tüt tüt tüt tüt	**Aufschalteton:** Eine Dienststelle der Deutschen Bundespost TELEKOM hat sich eingeschaltet (z. B. beim Eingrenzen von Störungen).
ü ü ü ü ü ü ü ü	**Datenton** (anhaltend hoher Ton): Anschluß für Datenübertragung oder Telefaxanschluß mit automatischer Empfangsstation ist angewählt.
tüt - tüt	**Hinweiston:**
tüt tüt	ohne Ansage: Fragen Sie die Telefonauskunft oder die Störungsannahme.
tüt tüt	mit Ansage: Bitte achten Sie auf den Text.

Ortsgespräche

Gespräche zwischen Anschlüssen mit der gleichen Vorwahlnummer sind Ortsgespräche. Es ist nur die Rufnummer ohne Vorwahlnummer zu wählen.

Answer the following questions based on the instructions you just read.
1. Was muß man zuerst machen, wenn man telefonieren will?
2. Wann darf man wählen?
3. Wie viele Töne gibt es im Inlandsverkehr?
4. Was sind Ortsgespräche?
5. Was bedeutet der Besetztton?

Beispiel 2

Read the following instructions for making international telephone calls from Germany.

Auslandsgespräche

Die wichtigsten Vorwahlnummern für Orte im Ausland finden Sie im AVON. Weitere Kennzahlen können bei der Telefonauskunft international, Rufnummer 001 18, erfragt werden.

Alle Auslandsgespräche, die nicht selbst gewählt werden können, melden Sie bitte beim Fernamt international an: Rufnummer 00 10. Dort werden auch Auskünfte über den Telefonverkehr mit dem Ausland erteilt.

Wichtig für selbstgewählte Gespräche in das Ausland:
- Es dauert manchmal eine Minute bis das Rufzeichen ertönt; deshalb nicht gleich auflegen.

- Bei Selbstwählferngesprächen kann die gebührenpflichtige Gesprächszeit bereits während der Herstellung der Gesprächsverbindung beginnen.

- Denken Sie vor allem bei Überseegesprächen an die Zeitverschiebung gegenüber unserer mitteleuropäischen Zeit.

Answer the following questions based on the instructions you just read.
1. Kann man Auslandsgespräche selbst wählen?
2. Was macht man, wenn man die Vorwahlnummer für einen Ort im Ausland nicht weiß?
3. Wenn man ein Auslandsgespräch nicht selbst wählen kann, was macht man?
4. Warum muß man nicht gleich auflegen, wenn man selbstgewählte Gespräche ins Ausland macht?

Explain the following based on the information you just read.

Erklären Sie, wann man die internationale Vermittlung des Fernamtes braucht.

Give the German equivalent for each of the following based on the material you just read.
1. international call
2. to dial direct
3. area code
4. telephone charges
5. dial tone
6. receiver
7. local call
8. busy signal

Beispiel 3

Read the following ad for telephone cards as an advertising medium.

Telefon-karten

„Eine Werbe-Idee boomt!"

Ab 200 Stück
Lieferzeit:
6 Wochen

Ob als Werbepräsent oder als Geschenk, die Telefonkarte dient der werbenden Wirtschaft als ideales Kontaktmedium zu ihrer Kundschaft. Werbung auf Telefonkarten ist einprägsam, langlebig und sehr effektiv bei steigenden Benutzerzahlen. Telefonkarten sind zu Sammlerobjekten mit enorm steigendem Wert geworden.

Erfolgreich werben:

ANDRES COMMUNICATION ist der Partner für Marketing, Grafik und Produktion.
Klein genug um Briefausstattungen zu entwerfen, groß genug zur Verwaltung Ihres Werbeetats.

Erfolgreich flexibel!

Andres
COMMUNICATION

Gesellschaft für Werbung und Marketing mbH

Stahlgruberring 13
8000 München 82
Tel. 089-420 28 18
Fax 089-420 21 01

From the information you just read, decide whether the following statements are true or false.

1. As an advertising idea, telephone cards are a great success.
2. Only the German government can have customized telephone cards made.
3. The minimum order for telephone cards is 500 pieces.
4. More and more people are using telephone cards.
5. When people have used up their telephone cards, they throw them away.
6. The value of telephone cards to collectors is growing slowly.

Kapitel 2

Auf der Bank

Wortschatz

Persönliche Finanzen

Ich will einen Farbfernseher kaufen.
Ich will nicht *bar bezahlen.*   *pay cash*
Ich werde den Apparat *auf Kredit kaufen.*   *buy on credit*
Ich werde den Farbfernseher *auf Raten kaufen.*   *buy in installments*
Ich werde den Preis *in Raten über drei Jahren bezahlen.* *pay in installments*
                                                             over three years
Ich mache eine *Anzahlung* von 75,– DM.   *down payment*
Dann bezahle ich monatliche Raten.
Ich kaufe den Apparat mit meiner Eurokarte.

Übung 1 Match each word or expression in the first column with its definition in the second column.

1. _____ ein Bargeschäft
2. _____ eine monatliche Rate
3. _____ auf Kredit kaufen
4. _____ eine Anzahlung

a. man bekommt den erwünschten Gegenstand jetzt, aber bezahlt dafür in der Zukunft
b. die erste Teilzahlung *(partial payment)* bei einem Kauf
c. ein Geldbetrag, den man jeden Monat bezahlt, wenn man etwas auf Raten kauft
d. ein Geschäft bei dem alles sofort bar bezahlt wird

Read the following:

Herr Bergmann will ein Auto kaufen.
Er wird *ein Darlehen aufnehmen*.   *take out a loan*
Der *Zinssatz* ist 10%.   *interest rate*
Jede Rate ist am letzten Tag des Monats *fällig*.   *due*

Die Hartmanns wollen ein Haus kaufen.
Sie müssen *eine Hypothek aufnehmen*.   *take out a mortgage*

Übung 2 Answer the following questions.

1. Warum will Herr Bergmann ein Darlehen aufnehmen? Was will er kaufen?
2. Welchen Zinnssatz muß er bezahlen?
3. Wann ist jede Rate fällig?
4. Muß man eine Anzahlung machen?
5. Was ist eine Anzahlung?
6. Die Hartmanns müssen eine Hypothek aufnehmen. Warum?
7. Was ist eine Hypothek?
8. Was ist eine Hypothekenbank?

Gespräch

Auf der Bank

BANKANGESTELLTER	Bitte sehr.
KUNDE	Ich möchte ein Darlehen aufnehmen.
BANKANGESTELLTER	Selbsverständlich. Bitte, füllen Sie diesen *Darlehensantrag* aus.
KUNDE	Ich habe das Formular schon zu Hause ausgefüllt.
BANKANGESTELLTER	Sehr gut. Und warum wollen Sie dieses Darlehen?
KUNDE	Ich will ein Auto kaufen.
BANKANGESTELLTER	Und wie hoch soll das Darlehen sein?
KUNDE	Das Auto kostet ungefähr zwanzigtausend DM und ich will die Hälfte des Preises anzahlen.
BANKANGESTELLTER	Dann müssen Sie ein Darlehen von 10.000,—DM aufnehmen. Haben Sie ein Konto bei unserer Bank?
KUNDE	Ja, ich habe ein Sparkonto und ein Scheckkonto bei Ihnen.
BANKANGESTELLTER	In Ordnung. Der *aktuelle* Zinssatz *beträgt* zehn Prozent.
KUNDE	Nicht schlecht.
BANKANGESTELLTER	Also, Sie bezahlen das Geld in 24 Raten—das heißt über zwei Jahre—zurück, und die Raten sind am 15. des Monats fällig.
KUNDE	In Ordnung.

loan application appears beside the line "*Darlehensantrag* aus."

current/amounts to appears beside the line "*aktuelle* Zinssatz *beträgt*"

Übung 3 Complete the statements based on the preceding conversation.

1. Herr Auerbach redet mit dem _____.
2. Er möchte ein Darlehen, weil er _____ kaufen will.
3. Er will nicht _____ bezahlen.
4. Er will ein _____ aufnehmen.
5. Herr Auerbach hat ein _____ und ein _____ bei dieser Bank.
6. Der _____ beträgt zehn Prozent.
7. Er muß _____ Raten über _____ bezahlen.
8. Die Raten sind _____ fällig.

Übung 4   Answer personally.

1. Haben Sie je *(ever)* ein Darlehen aufgenommen?
2. Wofür *(What for)*?
3. Wie hoch war der Zinssatz?
4. Wie lange lief das Darlehen?
5. Wann waren die Raten fällig?
6. Wann haben Sie das Darlehen abbezahlt *(paid off)*?

Übung 5   Give the German equivalent for each of the following expressions.

1. to take out a loan
2. loan application
3. to fill out a form
4. the current interest rate
5. a down payment of 50%
6. (when an installment is) due

AUS DEM ALLTAG

Beispiel 1

You are spending the summer with a family in Rothenburg. You tell them that upon returning home you have to buy yourself a car, probably a used one **(der Gebrauchtwagen).**

1. They want to know if you will pay cash for the car. Tell them.
2. They want to know how much an average car costs in the United States. Tell them.
3. They want to know if you can take out a loan for a car. Tell them.
4. They want to know what the present interest rate (more or less) is for a personal loan. Tell them.
5. Now you want to know something about the buying habits of the Germans. Ask them whether people in Germany buy things on the installment plan or whether they tend to pay cash in one lump sum.

Beispiel 2

Make up a conversation between yourself and a banker. You are applying for a student loan for next year.

EINBLICK INS LEBEN

Beispiel 1

Read the following advertisement, which appeared in a Berlin newspaper.

Give the German equivalent for each of the following.

1. effective annual interest rate
2. down payment
3. used car
4. term of loan
5. first installment
6. subsequent installments

Beispiel 2

Personal finances can be a problem. Read the short newspaper advertisement below. In your own words tell what this notice is about.

Streit um's Haushaltsgeld? Finanzielle Probleme mit dem Partner? Haben Sie Lust, in einer Fernseh-Talkshow über Ihre Erfahrungen zu sprechen? Dann rufen Sie an: ☎030-21 241 168, Mo.-Fr. 10.00-19.00 h Diskretion garantiert!

Kapitel 3

Die Flugreise

Wortschatz

Am Flughafen

die Abfluganzeige   die Verspätung

| IB 401 | Barcelona | 15:10 | 15:50 | VERSPÄTET |
| AF 756 | Rome | 15:45 | | FÄLLT AUS |

ausfallen

den Flug verpassen

Read the following:

Der Flug hat Verspätung.
Der Flug hat 45 Minuten (2 Stunden) Verspätung.

Der Flug ist nicht voll besetzt.
Es sind noch Plätze frei.

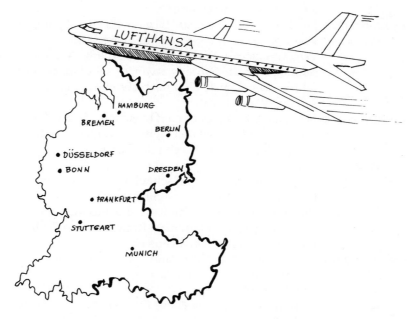

Die Lufthansa verbindet alle Großstädte
innerhalb Deutschlands.

Übung 1   Complete the following statements.

1. Ich bin zu spät gekommen. Die Maschine war schon abgeflogen, als ich am Flugsteig angekommen bin. Ich habe meinen Flug _____ .
2. Der Flug nach Wien fliegt nicht ab. Der Flug _____ wegen *(on account of)* technischer Schwierigkeiten _____ .
3. Es gibt keine freien Plätze auf Flug Nummer 818. Die Maschine ist _____.
4. Der Flug nach München hat Verspätung. Er ist wegen des schlechten Wetters _____ .
5. Die Lufthansa fliegt auch innerhalb _____ . Man kann alle größeren Städte Deutschlands per Flugzeug erreichen.

Übung 2   In your own words, express some of the problems the passengers in the preceding exercise had.

Gespräch

Der verpaßte Flug

FLUGGAST	Entschuldigung. Flug Nummer 84 nach Hamburg ist schon weg, nicht wahr?	
FLUGLINIENANGESTELLTER	Jawohl. Der Flug ist *pünktlich* um 20 Uhr abgeflogen.	*on time*
FLUGGAST	Wie *ärgerlich!* Ich habe den Flug wegen des *Verkehrsstaus* auf der Autobahn verpaßt. Wenn es schneit, sind die Fahrer *gezwungen* sehr langsam zu fahren. Der nächste Flug nach Hamburg geht um 22 Uhr 30, nicht wahr?	*irritating* *traffic jam* *forced*
FLUGLINIENANGESTELLTER	Normalerweise gibt es eine Maschine zu der Zeit, aber heute abend ist das Wetter so schlecht, daß dieser Flug ausfällt. Wegen des Schnees.	
FLUGGAST	Was?	
FLUGLINIENANGESTELLTER	Es soll aber aufhören zu schneien. Morgen früh fliegen die Maschinen *bestimmt* wieder.	*certainly*
FLUGGAST	Was soll ich machen? Ich habe eine Sitzung um 9 Uhr morgens in Hamburg! Kann ich nach Berlin fliegen und dann von da aus nach Hamburg?	
FLUGLINIENANGESTELLTER	Leider nicht. Alle Flüge sind heute *gestrichen*. Ich empfehle Ihnen den IC-Zug.	*cancelled*
FLUGGAST	Den IC-Zug?	
FLUGLINIENANGESTELLTER	Ja. Den Intercity Zug. Diese Züge sind sehr schnell und fahren *trotz* des Schnees. Keine Sorge. Sie werden rechtzeitig *ankommen*.	*in spite of* *arrive*

Übung 3   Answer the questions based on the preceding conversation.

1. Wann ist die letzte Maschine nach Hamburg abgeflogen?
2. Hatte der Flug Verspätung oder flog er rechtzeitig ab?
3. Warum hat der Fluggast den Flug verpaßt?
4. Gibt es noch andere Flüge heute abend?
5. Warum nicht?
6. Wann fliegt die nächste Maschine ab?
7. Kann der Fluggast heute abend nach Berlin fliegen?
8. Warum nicht?
9. Wann muß er in Hamburg sein?
10. Wie wird er nach Hamburg kommen?

Übung 4   Make up a sentence using each of the following words or expressions.

1. den Flug verpassen
2. der Verkehrsstau
3. ausfallen
4. rechtzeitig abfliegen
5. streichen
6. aufhören

Wortschatz

Im Flugzeug

das Gepäckfach

die Schwimmweste

die Sauerstoffmaske

der Klapptisch

die Rückenlehne

der Sitz   der Sicherheitsgurt   das Handgepäck   das Sitzkissen

Übung 5 Identify each of the following items.

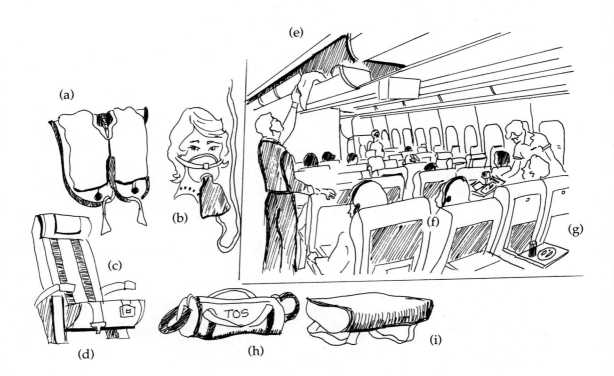

Gespräch

Eine Durchsage an Bord

Kapitän Niedermeyer und seine Besatzung wünschen Ihnen einen angenehmen Flug. Die Flugzeit nach Düsseldorf beträgt sechs Stunden fünfundvierzig Minuten. Die Flugbegleiter werden Ihnen jetzt zeigen, wie man die Sauerstoffmaske und Schwimmweste anlegt.

Beim Start und während der Landung muß das Handgepäck in dem Gepäckfach über Ihrem Sitz, in einem Stauraum oder unter dem Vordersitz verstaut werden. Bitte klappen Sie jetzt Ihren Tisch hoch und richten Sie Ihre Rückenlehne auf.

Bleiben Sie beim Start und während der Landung sowie bei unruhigem Wetter angeschnallt. Bei Flügen, bei denen das Rauchen gestattet ist, dürfen keine Zigarren oder Pfeifen geraucht werden. Das Rauchen in den Gängen und Toiletten ist grundsätzlich verboten.

Im Falle, daß der Luftdruck in der Kabine fällt, werden die Sauerstoffmasken automatisch aus der Decke geklappt. Im Falle einer Notlandung auf dem Wasser befindet sich Ihre Schwimmweste unter Ihrem Sitz. Blasen Sie die Schwimmweste nicht innerhalb der Kabine auf.

Übung 6 Tell if the statements are true or false based on the preceding safety information. You may wish to correct false information.

1. Beim Start und bei der Landung dürfen Fluggäste sich in der Kabine frei bewegen.
2. Man braucht die Sauerstoffmaske beim Start und bei der Landung.
3. Im Falle, daß der Luftdruck in der Kabine fällt, fallen Schwimmwesten automatisch herunter.
4. Die Fluggäste dürfen beim Start und bei der Landung ihr Handgepäck auf dem Schoß *(lap)* halten.
5. Man darf nie in den Gängen und Toiletten rauchen.

Übung 7 Complete the following statements.

1. Kapitän Niedermeyer und seine Besatzung _____.
2. Die Flugzeit nach Düsseldorf beträgt _____.
3. Beim Start muß man die _____ aufrichten.
4. Man muß auch den _____ festmachen.
5. Bei der Landung muß man _____ bleiben.
6. Man darf in der Kabine keine _____ rauchen.

AUS DEM ALLTAG

Beispiel 1

You just arrived at the airport in Cologne.
1. It is posted on the monitor that your flight to Zürich is delayed. Ask the airline agent why.
2. There is no new departure time posted. You want to know how long the delay will be. Ask the agent.
3. Ask the same agent if there is any other flight you can take to Zürich.
4. Ask him what time it leaves.
5. You want to know whether the flight leaves from the same terminal **(die Flughalle)** or if you have to go to a different one.
6. You would also like to know if this flight makes a stop **(eine Zwischenlandung).** Ask the agent.

Beispiel 2

These days all airlines are extremely concerned about terrorism. Read the following advice that is given to passengers on board many airlines.

Lieber Fluggast!

Den behördlichen Bestimmungen entsprechend *(in accordance with government regulations)* und für Ihre eigene Sicherheit bitten wir Sie die folgenden Vorschriften zu beachten:

1. Falls ein Fremder Sie bittet, Gegenstände oder Gepäck für ihn ins Flugzeug mitzunehmen, bitten wir Sie unser Flugpersonal oder den Flughafensicherheitsdienst sofort darüber zu informieren.

2. Nehmen Sie bitte keinerlei Gegenstände oder Gepäck mehr an, nachdem Sie Ihr eigenes Gepäck aufgegeben haben und durch die Sicherheitskontrolle gegangen sind.

3. Wir bitten Sie Ihr Reisegepäck und Handgepäck immer im Blickfeld zu behalten, bis Sie das Gepäck aufgegeben haben und Ihr Handgepäck mit sich ins Flugzeug gebracht haben.

Wir bedanken uns für Ihr Verständnis und Ihre Kooperation.

In your own words, retell the information to an English-speaking friend.

EINBLICK INS LEBEN

Beispiel 1

Travelers entering the United States must fill out a United States Customs Declaration form, such as the one below.

WELCOME TO THE UNITED STATES

DEPARTMENT OF THE TREASURY
UNITED STATES CUSTOMS SERVICE

FORM APPROVED
OMB NO 1515-0041

CUSTOMS DECLARATION

19 CFR 122.27, 148.12, 148.13, 148.110, 148.111

Each arriving traveler or head of family must provide the following information (only **ONE** written declaration per family is required):

1. Name: _____ (Last) _____ (First) _____ (Middle Initial)

2. Date of Birth: ___ / ___ / ___ (Day / Month / Year)   3. Airline/Flight _____

4. Number of family members traveling with you _____

5. U.S. Address: _____

   City: _____   State: _____

6. I am a U.S. Citizen
   If No,
   Country: _____   YES ☐   NO ☐

7. I reside permanently in the U.S.
   If No,
   Expected Length of Stay: _____   YES ☐   NO ☐

8. The purpose of my trip is or was ☐ BUSINESS   ☐ PLEASURE

9. I am/we are bringing fruits, plants, meats, food, soil, birds, snails, other live animals, farm products, or I/we have been on a farm or ranch outside the U.S.   YES ☐   NO ☐

10. I am/we are carrying currency or monetary instruments over $10,000 U.S. or foreign equivalent.   YES ☐   NO ☐

11. The total value of all goods I/we purchased or acquired abroad and am/are bringing to the U.S. is (see instructions under Merchandise on reverse side): $ _____ US Dollars

▶ **MOST MAJOR CREDIT CARDS ACCEPTED.**

SIGN ON REVERSE SIDE AFTER YOU READ WARNING.

(Do not write below this line.)

INSPECTOR'S NAME   STAMP AREA

BADGE NO.

Paperwork Reduction Act Notice The Paperwork Reduction Act of 1980 says we must tell you why we are collecting this information, how we will use it and whether you have to give it to us. We ask for this information to carry out the Customs, Agriculture, and Currency laws of the United States. We need it to ensure that travelers are complying with these laws and to allow us to figure and collect the right amount of duties and taxes. Your response is mandatory.

Statement required by 5 CFR 1320.21. The estimated average burden associated with this collection of information is 3 minutes per respondent or recordkeeper depending on individual circumstances. Comments concerning the accuracy of this burden estimate and suggestions for reducing this burden should be directed to U.S. Customs Service, Paperwork Management Branch, Washington, DC 20229, and to the Office of Management and Budget. Paperwork Reduction Project (1515-0041), Washington, DC 20503.

Customs Form 6059B (092089)

American Airlines also supplies travelers with the following translation of the Customs Declaration form on the preceding page.

DEUTSCH

Alle Fluggäste müssen die Zollerklärung ausfüllen (eine pro Familie) vor der Ankunft in USA. Das Formular muss in Englisch in Grossbuchstaben ausgefüllt und auf der Rückseite unterschrieben werden.

1. Familienname Vornamen
2. Geburtsdatum: Tag/Monat/Jahr
3. Fluggesellschaft/Flugnr.
4. Anzahl der mitreisenden Familienmitglieder
5. Adresse in den USA:
   Stadt: Bundesstaat:
6. Ich bin Staatsbürger(in) der USA
   Ja: Nein:
   Falls nein, Land:
7. Ich habe ständigen Wohnsitz in den USA
   Ja: Nein:
   Falls nein, voraussichtliche Dauer des Aufenthalts
8. Zweck meiner Reise ist/war Geschäftlich Vergnügen
9. Ich/wir bringe(n) Früchte, Pflanzen, Fleisch, Lebensmittel, Erde, Vögel, Schnecken, andere lebende Tiere, landwirtschaftliche Produkte mit. Ich/wir war(en) auf einem Bauernhof bzw. Viehzuchtbetrieb ausserhalb der USA.
   Ja: Nein:
10. Ich/wir habe(n) Bargeld oder Zahlungsmittel im Werte von über US $10.000 oder den Gegenwert in einer anderen Währung mit.
    Ja: Nein:
11. Der Gesamtwert aller Waren, die ich/wir im Ausland erworben habe(n) und in die USA einführe(n), beträgt (siehe Anweisungen unter Waren - "Merchandise" auf der Rückseite).

Answer the questions in German based on the airline translation of the United States Customs Declaration form.

1. Sind Sie Staatsbürger(in) der USA?
2. Was ist der Zweck *(purpose)* Ihrer Reise?
3. Welche Artikel darf man nicht in die USA einführen?
4. Wieviel Bargeld oder andere Zahlungsmittel darf man mithaben, ohne es erklären zu müssen?
5. Haben Sie einen ständigen Wohnsitz in den USA?

Kapitel 4

An der Tankstelle

Wortschatz

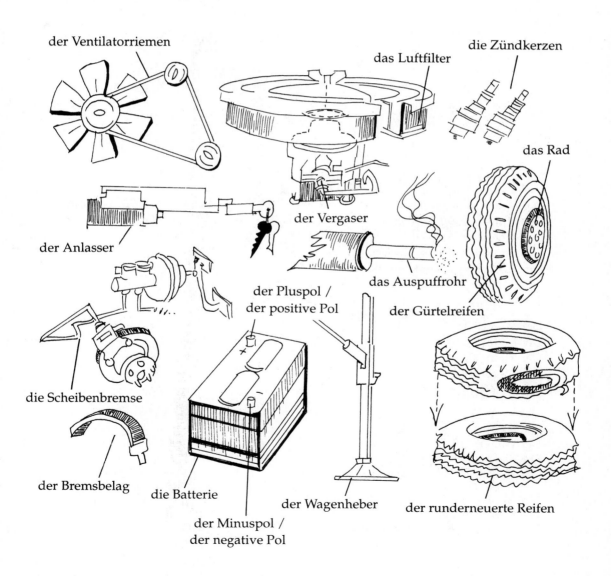

der Ventilatorriemen

das Luftfilter

die Zündkerzen

das Rad

der Vergaser

der Anlasser

das Auspuffrohr

der Gürtelreifen

der Pluspol /
der positive Pol

die Scheibenbremse

der Bremsbelag

die Batterie

der Wagenheber

der runderneuerte Reifen

der Minuspol /
der negative Pol

die Radkappe

der Abschleppwagen

Der Wagen *hatte eine Panne.*	*broke down*
Der Motor *ist abgewürgt.*	*stalled*
Der Motor *ist abgesoffen.*	*flooded*
Der Motor *springt leicht an.*	*starts easily*
Der Motor *springt nicht an.*	*doesn't start*
Man muß den Wagen *abschleppen.*	*tow*
Der Abschleppwagen kommt.	

Read the following:

Der Motor *ist heißgelaufen.*	*overheated*
Der Motor *tuckert.*	*chugs*
Der Motor *klopft.*	*knocks*
Der Motor *heult.*	*whines*
Die Batterie ist *leer.*	*dead*
Das Öl leckt.	
Die Bremsen sind *abgenutzt.*	*worn*
Der Wagen *hat eine gute Straßenlage.*	*holds the road*
Die Räder *flattern.*	*shimmy*
Der Wagen *hat keine gute Straßenlage.*	*doesn't hold the road*
Der Mechaniker repariert den Wagen.	
Er *stellt* den Motor *ein.*	*tunes*
Er muß *die Zündkerzen auswechseln.*	*change the spark plugs*

Er stellt *die Zündung* ein.	*timing*
Er muß die Bremsen *neu belegen.*	*reline*
Er muß die Bremsen *ersetzen.*	*replace*
Er muß die Batterie *aufladen.*	*recharge*
Er muß die Reifen *auswuchten.*	*balance*

NOTE   Die Räder "drehen sich". Das Auto "fährt".

Übung 1   Complete the following statements.

1. Wasser _____ aus dem Kühler. Der Kühler hat ein Leck.
2. Der Winter kommt. Man muß Gefrierschutzmittel in den _____ einfüllen.
3. Der Motor ist heißgelaufen. Ich muß den _____ überprüfen.
4. Der Motor ist abgesoffen. Er _____ nicht _____.
5. Ich kann den Motor nicht starten. Ich werde ein paar Minuten warten und wenn ich ihn dann nicht starten kann, dann lasse ich den Wagen _____ .
6. Der Abschleppdienst *(towing service)* wird mein _____ in die Autowerkstatt *(car repair shop)* bringen.
7. Die Räder flattern. Der Wagen hat keine gute _____.
8. Der Tankwart prüft den Reifendruck und pumpt die Reifen auf, aber die Räder flattern immer noch. Man muß die Reifen _____.
9. Der Motor klopft. Man muß die Zündkerzen _____.
10. Ich höre ein lautes Geräusch *(noise)*, wenn ich auf die Bremse trete. Ich glaube die _____ sind abgenutzt. Ich brauche neue Bremsbeläge.
11. Ich weiß, warum das Auto nicht anspringt. Es ist sehr einfach. Die Batterie ist _____.
12. Der Motor tuckert und klopft. Ich muß ihn _____ lassen.
13. Der Motor verbrennt zu viel Öl. Es kommt dunkler Rauch aus dem _____.
14. Meine Reifen sind kaputt. Ich brauche neue Reifen aber ich habe nicht viel Geld. Deswegen kaufe ich _____ .

Übung 2   Give someone the following information in your own words in German.

1. Your car is overheating. You think there must be a leak in the radiator or else the fan belt is broken.
2. Your brakes probably need new linings, because every time you step on the brakes there is a noise.
3. Your engine keeps knocking even though you are using super unleaded gas. You should have your spark plugs checked.
4. You have a dead battery and you hope that they can recharge it because you do not want to buy a new one.
5. You hear a noise and you think it is coming from your tail pipe, which is probably loose **(lose).**
6. You think that there is something wrong with the starter on your car because every morning you have trouble getting the car started.

AUS DEM ALLTAG

Beispiel 1

You are driving through Schleswig-Holstein in Germany and unfortunately your car breaks down.
1. You are sure that the car has to be towed. Call for a tow truck.
2. The tow truck arrives. The driver is a mechanic. He wants to know what happened. Explain that the car stalled and that it will not start.
3. Ask him how much it will cost to tow the car to the garage.
4. He asks you if you have insurance. Tell him.

Beispiel 2

You are driving a rental car through Austria and you have a flat tire **(eine Reifenpanne).** Call the rental agency.
1. Tell them what happened.
2. They ask you if you know how to change a tire. Answer them.
3. Explain to them that the situation is more complicated than that. Not only do you have a flat tire, but you opened the trunk and the spare tire is also flat. No one checked it out before you left the agency. Tell them where you are.

EINBLICK INS LEBEN

Beispiel 1

Read the following information that appears in the owner's manual of the BMW that you just bought on your trip to Germany.

Energiebewußt fahren
… beachten Sie bitte die folgenden Hinweise…

–**Den Motor nicht im Stand warmlaufen lassen. Sofort nach dem Start losfahren.**
–**Grundsätzlich längeren Leerlauf vermeiden.**
–**Unnötigen Ballast vermeiden.**
–**Dachgepäckträger und Skiträger sofort nach dem Gebrauch abnehmen.**
–**Den Reifenfülldruck alle 14 Tage prüfen.**

Explain these energy-saving driving tips to the American friend traveling with you.

Beispiel 2

Read the following warning also contained in the BMW owner's manual.

Achtung:
Vor allen Arbeiten im Motorraum den Motor abstellen und abkühlen lassen.
Vor allen Arbeiten an der elektrischen Anlage, besonders im Motorraum,
immer zuerst die Batterie abklemmen. Unsachgemäße Handhabung von
Teilen und Materialien stellt ein persönliches Sicherheitsrisiko dar. Beachten
Sie die entsprechenden Hinweise und Anleitungen. Wenn Sie mit den zu
beachtenden Vorschriften nicht vertraut sind, lassen Sie die Arbeiten von
Ihrem BMW Kundendienst durchführen.

Give the German equivalent for each of the following based on the warning you just read.
1. engine compartment
2. turn off
3. cool off
4. electrical system
5. personal safety risk
6. customer service

Kapitel 5

Das Fahren

Wortschatz

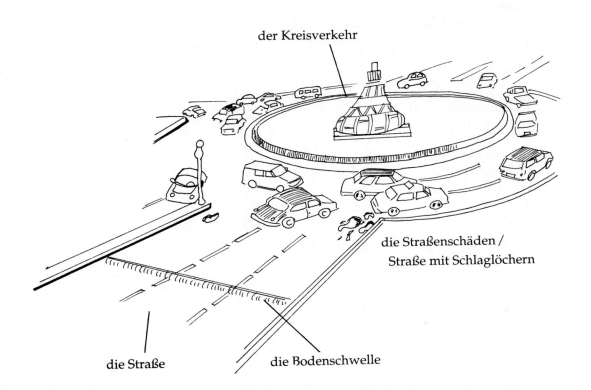

der Kreisverkehr

die Straßenschäden /
Straße mit Schlaglöchern

die Straße

die Bodenschwelle

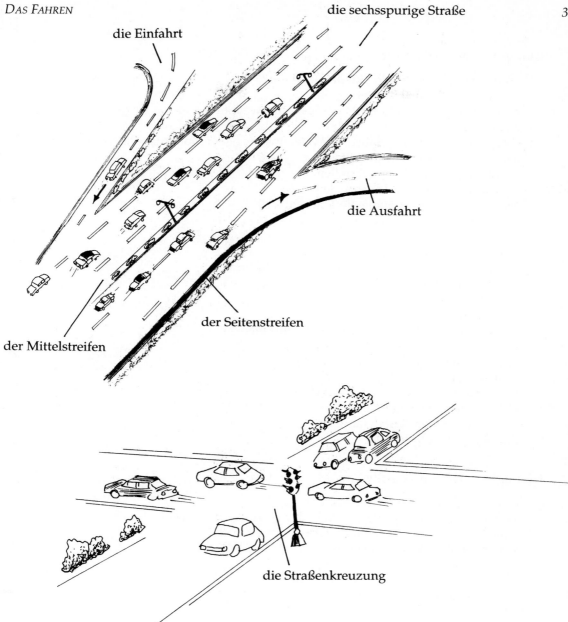

die Einfahrt

die sechsspurige Straße

die Ausfahrt

der Seitenstreifen

der Mittelstreifen

die Straßenkreuzung

Read the following:

Man kommt an eine Straßenkreuzung.
Wer hat *Vorfahrt?*
Das *Fahrzeug*, das von rechts kommt, hat immer Vorfahrt.
Das Fahrzeug mit Vorfahrt darf zuerst fahren.

right-of-way
vehicle

Übung 1   Choose the correct completion.

1. Wenn man an eine Straßenkreuzung kommt, _____.
   a. fährt man schneller
   b. schaltet man das Blinklicht ein und fährt weiter bei gleicher Geschwindigkeit
   c. fährt man langsamer
2. Wenn Sie während der Fahrt, eine Reifenpanne haben, sollen Sie Ihr Auto _____.
   a. auf dem Bürgersteig abstellen
   b. auf dem Zebrastreifen abstellen
   c. auf dem Seitenstreifen abstellen
3. Man kann auf dieser Straße flott fahren, weil _____.
   a. die Straße Schlaglöcher hat
   b. es viele Bodenschwellen gibt
   c. die Straße sechsspurig ist
4. Beim Kreisverkehr, hat der Fahrer von rechts immer _____.
   a. Straßenlöcher
   b. einen schnelleren Wagen
   c. Vorfahrt
5. Wenn man eine Bodenschwelle sieht, fährt man _____.
   a. schneller
   b. langsamer
   c. in der Mitte
6. Wenn das Wetter schlecht ist, soll man _____.
   a. besonders vorsichtig fahren
   b. auf dem Seitenstreifen fahren
   c. ohne Licht fahren

Übung 2   Answer personally.

1. Haben Sie viel Kreisverkehr in Ihrem Land?
2. Wer hat nach den Verkehrsregeln in den USA Vorfahrt an einer Straßenkreuzung?
3. Wann darf man sein Auto auf dem Seitenstreifen abstellen?
4. Wo findet man Bodenschwellen in Ihrem Land?

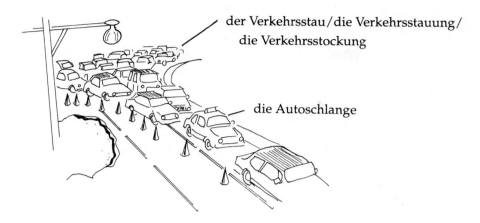

der Verkehrsstau/die Verkehrsstauung/
die Verkehrsstockung

die Autoschlange

NOTE   The German language is very well known for its ability to form compound words. This can be of great advantage to beginning students, who are thus able to understand many compound words that they have never seen previously because they are able to recognize the individual components.

Read the following:

Bei Verkehrsstauungen sieht man immer längerwerdende Autoschlangen. Im Verkehrsfunk kann man Verkehrsmeldungen über die Verkehrslage hören, so daß man die schlimmstenVerkehrsknotenpunkte vermeiden kann. Wenn die Verkehrsdichte sehr extrem ist, nennt man sie ein Verkehrschaos.

NOTE   The short list of words that follows should help you understand the passage you just read on traffic jams:

die Schlange	*snake*
der Funk	*radio*
die Meldung	*report, announcement*
die Lage	*situation, conditions*
der Knoten	*knot*

Based on your knowledge of German, what do the following terms mean?

verkehrsarm
verkehrsreich
verkehrsschwach

Übung 3   Explain the following in your own words.

1. Was ist eine Verkehrsstauung?
2. Wann ist Spitzenverkehrszeit?
3. Was ist ein Verkehrsknotenpunkt?

Gut fahren heißt gut ankommen

Fahren Sie nicht zu schnell.
Fahren Sie langsamer, wenn Sie in die Stadt kommen.
Beachten Sie die Geschwindigkeitsbegrenzungen.
Wenn Sie überholen wollen,
    schauen Sie in den Rückspiegel.
    betätigen Sie das Blinklicht.
Wenn Sie an eine Straßenkreuzung kommen, geben Sie dem Fahrzeug
    rechts Vorfahrt.
Halten Sie Abstand. Fahren Sie nicht zu dicht auf.
Wenn möglich, vermeiden Sie scharfes Bremsen.
Kurzum, fahren Sie vorsichtig.

Übung 4   Answer the following questions.

1. Wie soll man immer fahren?
2. Wie schnell soll man fahren?
3. Wann soll man langsamer fahren?
4. Was macht man, wenn man an eine Straßenkreuzung kommt?
5. Was macht man, wenn man überholen will?
6. Wie fährt man, wenn man richtig fährt?

Übung 5   Make up a sentence using each of the following words or expressions.

1. die Geschwindigkeitsbegrenzung
2. überholen
3. langsamer fahren
4. Spitzenverkehrszeit
5. Vorfahrt
6. auf die Bremse treten
7. das Blinklicht
8. Abstand halten
9. vorsichtig
10. das Verkehrschaos

Autounfälle

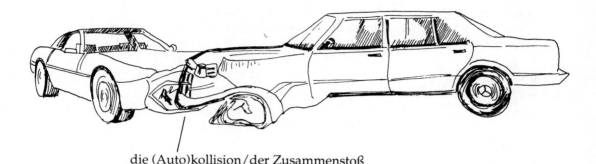

die (Auto)kollision/der Zusammenstoß

Die zwei Autos sind zusammengestoßen.
Der eine Wagen ist auf den anderen aufgefahren.

Read the following:

Er *ist scharf auf die Bremse getreten.*	*jammed on the brakes*
Die Straße war sehr *glatt* und das Auto	*slippery*
ist ins Schleudern geraten.	*skidded*
Das Auto *hat sich überschlagen.*	*flipped over*
Der Autobus *hat* einen Fußgänger *überfahren.*	*ran over*
Glücklicherweise ist er nicht *tödlich verunglückt.*	*killed in the accident*
Er war *schwer verletzt.*	*seriously injured*
Der Fahrer *hat die Verkehrsampel überfahren.*	*ran the light*
Es gab eine *Karambolage.*	*pileup*
Es gab *einen Auffahrunfall mit sechs Wagen.*	*a six-car pileup*
Ein rotes Auto *hat ihn geschnitten.*	*cut off*

Übung 6   Express each of the following statements in a different way.

1. Er ist mit seinem Auto über den Fußgänger gefahren.
2. Er hat scharf und plötzlich gebremst.
3. Er ist durch die rote Verkehrsampel gefahren.
4. Sechs Fahrzeuge sind in einen Unfall verwickelt *(involved)*.
5. Er war beim Autounfall so schwer verletzt, daß er gestorben ist.

Read the following:

> In Deutschland, wie in den Vereinigten Staaten, gibt es viel zu viele
> Verkehrsunfälle. Die häufigsten Ursachen von Unfällen sind:
> unvorsichtiges Überholen, zu hohe Geschwindigkeit, falscher
> Spurwechsel, Müdigkeit und Alkohol (Testen mittels eines
> Atemprüfgeräts, des Alkoholmat oder der sogennannte "Tüte", wird
> von der Polizei unternommen, um festzustellen wie viel ein
> Fahrer getrunken hat).

Übung 7 Find an equivalent expression in the paragraph you just read for each of the following words or expressions.

1. die Person, die ein Fahrzeug fährt
2. Unfälle zwischen mehreren Autos, Autobussen oder anderen Fahrzeugen
3. wie schnell ein Auto fährt
4. was die Polizei benutzt, um festzustellen wie viel ein Fahrer getrunken hat
5. was man macht, wenn man schneller als das Vordermann fährt und an ihm vorbeifährt

AUS DEM ALLTAG

Beispiel 1

You are visiting with a German family and they are interested in knowing something about the driving habits of people in the United States.

1. They want to know how old you have to be to get a license in the United States. Tell them.
2. They want to know if you think most people are good or bad drivers. Tell them.
3. They want to know if people tend to drive very fast. Tell them what you think.
4. They want to know if drunk driving is a problem in the United States. Tell them.
5. They want to know if the breathalyzer test exists in the United States. Tell them.
6. They want to know if there are many multilane highways in the United States. Tell them.
7. They want to know if most of them are toll roads. Tell them.
8. They want to know the speed limit on these superhighways. Tell them.
9. They want to know if there are many serious traffic accidents in the United States. Tell them.

EINBLICK INS LEBEN

Beispiel 1   Read the following information, which appears in a German guidebook concerning driving in the United States.

In den USA, wie in vielen europäischen Ländern, fährt man rechts und überholt links. Es gilt die Regel "rechts vor links" nur wenn zwei Fahrzeuge gleichzeitig an eine Straßenkreuzung kommen; nur dann hat das Fahrzeug das von rechts kommt Vorfahrt. Sonst hat das Fahrzeug, das als erstes an die Kreuzung kommt, Vorfahrt. Wenn man die Verkehrsschilder "STOP" und "YIELD" sieht, dann muß man Vorfahrt geben.

Unter gewissen Umständen darf man bei Rot rechts abbiegen, aber nur nachdem man zum vollständigen Halt gekommen ist. In einigen Bundesstaaten darf man grundsätzlich bei Rot rechts abbiegen, nachdem man angehalten hat. In anderen darf man rechts bei Rot nur dann abbiegen, wenn ein entsprechendes Verkehrsschild vorhanden ist. Selbstverständlich ist rechts abbiegen bei Rot verboten, wenn ein Schild mit den Wörtern "NO TURN ON RED" vorhanden ist.

Das Parken auf dem Bürgersteig, vor Hydranten und an Bushaltestellen ist verboten. Ein Verstoß gegen diese Parkregeln kann zu einem Strafzettel *(ticket)* führen, und unter Umständen wird das Fahrzeug auch abgeschleppt.

Die zulässige Höchstgeschwindigkeit beträgt in der Regel 55 Meilen (90 km) auf Landstraßen und Autobahnen und gewöhnlich 20 bis 25 Meilen in der Stadt. (Passen Sie gut auf die Verkehrsschilder auf, besonders in kleineren Ortschaften und auf kleineren Landstraßen). Die Geschwindigkeitsbegrenzungen sind strikt kontrolliert und die Strafgelder *(fines)* sind nicht unbedeutend *(insignificant)*.

Man muß besonders auf Schulbusse (gelb) aufpassen. Es ist strengstens verboten, an einem Schulbus vorbeizufahren (in beiden Richtungen), wenn er mit blinkendem Warnlicht anhält oder/und wenn Schüler ein- oder aussteigen.

Das Fahren unter Alkoholeinfluß wird streng bestraft, zum Beispiel durch Geldstrafe, Führerscheinentzug, Sozialdienst *(community service)* und Gefängnis.

In your own words, retell some of the main points you just read about driving in the United States.

Beispiel 2

Read the following public service announcement, which appeared in a German newspaper.

Auf Ihr Wohl – kein Alkohol.

Alkohol spielt bei Unfällen eine viel größere Rolle, als die meisten glauben.

Mindestens jeder 5. Unfalltote ist ein Alkoholopfer. Alkohol wirkt sofort. Wahrnehmung und Reaktionsvermögen verändern sich. Nur man selbst merkt das kaum oder will es nicht wahrhaben.

Übrigens: nach einer Feier ist der Alkoholspiegel auch am nächsten Morgen nicht immer auf Null. Auch der Morgenkaffee hilft da nicht. Deshalb grundsätzlich: Mit Auto – kein Alkohol.

Sie gefährden nicht nur sich selbst. Denken Sie daran: **Rücksicht kommt an.**

 Eine Initiative des Bundesministers für Verkehr und des Deutschen Verkehrssicherheitsrates

Give the following information based on the announcement you just read.
1. the subject of this public service announcement
2. the percentage of traffic fatalities attributable to alcohol
3. when alcohol takes effect
4. the government agency sponsoring this ad

Beispiel 3

Environmental concerns receive much attention in Europe. Read the following public notice that appeared recently in a number of German newspapers.

Autokrank

Jeder zweite Bundesbürger leidet unter dem Verkehrslärm. Und wohnt er an der Hauptverkehrsstraße, fehlt ihm oft die Luft zum Atmen. Unsere Stadt ist krank - autokrank. Der VCD setzt sich für eine umweltbewußte Verkehrspolitik ein. Fordern Sie kostenlos Informationsmaterial an. Oder rufen Sie uns an.

Verkehrsclub
Deutschland e.V.
Eifelstraße 2
5300 Bonn1
(02 28) 9 85 85-0
Fax 9 85 85-10

2210/2-92

Answer the following questions based on the advertisement you just read.
1. Wie viele Bundesbürger leiden unter dem Verkehrslärm?
2. Worunter leiden die Menschen, die an den Hauptverkehrsstraßen wohnen?
3. Was heißt "Autokrank"?

Kapitel 6

Im Restaurant

Wortschatz

Probleme mit dem Essen

Das Essen ist kalt.	
Das Fleisch ist nur *halb gar*.	*half-cooked*
Das Fleisch ist zu gar.	
Das Fleisch ist *zäh*.	*tough*
Die Soße ist *verbrannt*.	*burned*
Die Soße ist salzig.	
Die Soße ist *versalzen*.	*too salty*
Die Soße ist zu *süß*.	*sweet*
Die Soße ist zu *stark gewürzt*.	*spicy, hot*
Die Soße ist zu *würzig*.	*spicy, hot*

Das Essen ist *verdorben*.	*spoiled*
Das Fleisch ist verdorben.	
Das Obst ist verdorben.	
Das Obst ist *überreif*.	*overripe*
Das Obst ist *verfault*.	*rotten*
Die Milch ist sauer.	
Sie riecht *säuerlich*.	*sour*
Sie ist *geronnen*.	*curdled*
Der Wein ist verdorben.	
Er *schmeckt nach Essig*.	*tastes like vinegar*
Das Tischtuch ist nicht *sauber*.	*clean*
Es ist *dreckig (schmutzig)*.	*soiled, dirty*
Es ist stark *verschmutzt*.	*badly soiled*

NOTE   A complete list of food items appears on pages 43-47. A list of the ways foods are frequently prepared appears on page 48.

Übung 1   Give the opposite of each of the italicized words.

1. Die Suppe ist nicht zu *heiß*, sie ist zu _____.
2. Das Fleisch ist nicht *zart*, es ist _____.
3. Die Milch ist nicht *gut*, sie ist _____.
4. Der Wein ist nicht *trocken*, er ist _____.
5. Das Tischtuch ist nicht *sauber*, es ist _____.
6. Die Suppe ist nicht *zu schwach gewürzt*, sie ist _____.

Übung 2   Make up sentences using each of the following words.

1. riechen	6. säuerlich
2. schmecken nach	7. zäh
3. zu	8. verbrannt
4. verdorben	9. versalzen
5. verfault	10. überreif

Übung 3   Complete the following mini-conversations.

1. —Was ist los? Magst du das Essen nicht?
   —Nein. Die Soße soll heiß sein, aber sie ist _____.
   —Das ist kein Problem. Der Kellner kann die Soße aufwärmen lassen.

2. —Was ist los?
   —Etwas auf diesem Teller riecht schlecht.
   —Du hast recht. Ich glaube, es sind die Muscheln. Wenn sie so riechen, dann sind sie _____.

3. —Diese Salatsoße schmeckt nicht gut!
   —Ist sie zu sauer?
   —Nein. Im Gegenteil. Sie ist zu _____.

4. —Schmeckt dir der Wein?
   —Nein. Gar nicht!
   —Mir auch nicht. Der Wein _____ nach Essig.
   —Ich glaube, er ist _____. Ich rufe den Kellner.

5. —Meine Güte! Diese Tischdecke ist ja dreckig!
   —Ja, sie ist total _____.

6. —Ach du liebe Zeit!
   —Was ist passiert?
   —Probier mal diese Milch!
   —Bist du verrückt? Schau mal die Milch an. Sie ist _____.

SITUATIONS

Beispiel 1

You are in a restaurant and you are not enjoying your meal at all. The sauce on your meat is very salty and you cannot eat it. The meat is also very tough and, to add to your problem, the wine tastes like vinegar. It must have turned. Call the waiter over and explain the predicament to him.

Beispiel 2

You are in a restaurant and you are having a slight problem. You ordered a steak rare and the one they served you is too well done for you. In addition, you ordered potatoes and the waiter served you rice. Call him over and explain the problem.

Foods (Lebensmittel)

Vegetables (Gemüse)

artichoke   die Artischocke
beans, green (string beans)   die Brechbohnen,
    Schnittbohnen, grüne Bohnen
beet   die rote Beete, rote Rübe
broccoli   die Brokkoli
brussel sprouts   der Rosenkohl
cabbage   der Kohl, das Kraut
    red cabbage   der Rotkohl, das Rotkraut
    savoy cabbage   der Wirsingkohl
carrot   die Karotte, die Möhre, die gelbe Rübe,
    die Mohrrübe
cauliflower   der Blumenkohl
celery   der Sellerie
chestnut   die Eßkastanie
chick peas   die Kichererbsen
chicory   die Zichorie
corn   der Mais
cucumber   die Gurke
eggplant   die Aubergine, die Eierfrucht
endive   die Endivien
garlic   der Knoblauch
horseradish   der Meerrettich, der Kren (Austrian)
leeks   der Lauch, der Porree
lentils   die Linsen
lettuce   der Salat, der Kopfsalat, der Blattsalat
lima beans   die dicken Bohnen, die weißen
    Bohnen
onion   die Zwiebel
palm hearts   die Palmenherzen
peas   die Erbsen
pepper   der Pfeffer
    green pepper   die (grüne, rote) Paprikaschote
potato   die Kartoffel
    die Bratkartoffeln   *fried potatoes*
    der Kartoffelbrei   *mashed potatoes*
    der Kartoffelkloß   *potato dumpling*
    das Kartoffelmus   *mashed potatoes*
    der Kartoffelpuffer   *potato pancake*
    der Kartoffelsalat   *potato salad*
    die Salzkartoffel   *boiled potatoes*
    die Süßkartoffel   *sweet potato*
pumpkin   der Kürbis

radish   der Rettich, das Radieschen
rice   der Reis
sauerkraut   das Sauerkraut
shallot   die Schalotte
spinach   der Spinat
squash   der Kürbis
tomato   die Tomate
turnip   die Steckrübe, die Kohlrübe
watercress   die Kresse
zucchini   die Zucchini

Fruits (Obst)

almond   die Mandel
apple   der Apfel
apricot   die Aprikose, die Marille (Austrian)
avocado   die Avocado
banana   die Banane
blackberry   die Brombeere
blueberry   die Heidelbeere, die Blaubeere
cherry   die Kirsche
chestnut   die Kastanie
coconut   die Kokosnuß
currant   die Johannisbeere
date   die Dattel
elderberry   die Holunderbeere
fig   die Feige
filbert   die Haselnuß
gooseberry   die Stachelbeere
grape   die Traube, die Weintraube
grapefruit   die Pampelmuse, die Grapefruit
guava   die Guajava
hazelnut   die Haselnuß
lemon   die Zitrone
lime   die Limone
melon   die Melone
olive   die Olive
orange   die Orange, die Apfelsine
papaya   die Papaya
peach   der Pfirsich
pear   die Birne
pineapple   die Ananas
plum   die Pflaume, die Zwetschke (Austrian)
pomegranate   der Granatapfel

prune   die Backpflaume
raisin   die Rosine
raspberry   die Himbeere
rhubarb   der Rhabarber
strawberry   die Erdbeere
    wild strawberry   die Walderdbeere
walnut   die Walnuß
watermelon   die Wassermelone

Meat **(Fleisch)**
bacon   der Speck
beef   das Rindfleisch
brains   das Hirn
chop   das Kotelett
    das Lammkotelett   *lamb chop*
    das Schweinekotelett   *pork chop*
chopped meat   das Hackfleisch
cold cuts   der Aufschnitt
corned beef   das Corned Beef, das gepökelte
    Rindfleisch
filet mignon   das Filetsteak
goat   das Ziegenfleisch
ham   der Schinken
headcheese   die Sülze
heart   das Herz
kidneys   die Nieren
lamb   das Lammfleisch
    lamb chop   das Lammkotelett
    lamb shoulder   die Lammschulter
    leg of lamb   die Lammkeule
    rack of lamb   die Lammrippe
liver   die Leber
liver dumpling   der Leberknödel
meatballs   die Buletten, die Fleischklößchen,
    die Frikadellen
meatloaf   der Hackbraten
mutton   das Hammelfleisch
oxtail   der Ochsenschwanz
pickled pig's knuckle   das Eisbein
pork   das Schweinefleisch
    pork chop   das Schweinekotelett
rib steak   das Rippensteak
roast   der Braten
    der Kalbsbraten   *roast veal*

der Rinderbraten   *beef roast*
der Schweinebraten   *pork roast*
roulade   die Roulade
salami   die Salami
sauerbraten   der Sauerbraten
sausage   die Wurst
    die Bologneser Wurst   *bologna sausage*
    die Bratwurst   *a spiced sausage for frying*
    die Currywurst   *a very spicy pork sausage*
    die Fleischwurst   *a sausage of finely ground*
        meat for grilling or frying
    die Knackwurst   *a sausage with a thin, firm*
        casing that pops when you bite into it
    die Leberwurst   *liverwurst*
    die Mettwurst   *a firm, spicy sausage for*
        slicing or spreading
    die Streichwurst   *a soft, very finely ground*
        sausage for spreading on bread, etc.
    die Teewurst   *a finely ground* Mettwurst *for*
        spreading
    die Weißwurst   *a mild veal sausage*
    das Wiener Würstchen, das Frankfurter
        Würstchen   *a lightly smoked sausage for*
        boiling
sparerib   das Rippchen
steak tartare   das Beefsteak tatar
suckling pig   das Spanferkel
sweetbreads   das Kalbsbries
tongue   die Zunge
veal   das Kalbfleisch
    fillet of veal   das Kalbsmedaillon
    veal cutlet   das Kalbskotelett
    veal cutlet (unbreaded)   das Naturschnitzel
    veal scallopini   das Kalbsschnitzel
wienerschnitzel   das Wienerschnitzel

Fowl and Game   **(Geflügel und Wild)**
boar, wild   das Wildschwein
capon   der Kapaun
chicken   das Huhn, das Hähnchen, das Hendl
    (Austrian)
duck   die Ente
goose   die Gans
hare   der Hase

partridge   das Rebhuhn
pheasant   der Fasan
pigeon   die Taube
quail   die Wachtel
rabbit   das Kaninchen
turkey   der Truthahn
venison   das Wildbret

Fish and Shellfish   (Fish und Meeresfrüchte)
anchovy   die Sardelle
bass   der Barsch
    sea bass   der Seebarsch
carp   der Karpfen
clam   die Muschel
cod   der Kabeljau, der Dorsch
crab   der Krebs, der Taschenkrebs
crayfish   der Flußkrebs
eel   der Aal
flounder   die Flunder
frogs legs   die Froschschenkel
haddock   der Schellfisch
halibut   der Heilbutt
herring   der Hering
lobster   der Hummer
mackerel   die Makrele
mullet   die Meeräsche
mussel   die Miesmuschel
octopus   der Tintenfisch
oyster   die Auster
pickerel   der (junge) Hecht
pike   der Hecht
plaice   die Scholle
pollack   der Seelachs
prawns   die Steingarnele
salmon   der Lachs
sardine   die Sardinen
scallop   die Kammuschel
shrimp   die Garnele, die Krabben
smelt   der Stint
smoked herring   der Bückling
snail   die Schnecke
sole   die Seezunge
squid   der Kalmar
swordfish   der Schwertfisch

tench   die Schleie
trout   die Forelle
tuna   der Thunfisch
turbot   der Steinbutt
whiting   der Merlan

Eggs   (Eierspeisen)
fried eggs   die Spiegeleier
hard-boiled eggs   die hartgekochten Eier
omelette   das Omelett, die Omelette
    cheese omelette   das Käseomelett
    mushroom omelette   das Pilzomelett,
        das Champignonomelett
poached eggs   pochierte Eier
scrambled eggs   das Rührei
    scrambled eggs with fried potatoes, onions, and
        pickle   Bauernfrühstück
soft-boiled eggs   die weichgekochten Eier

Sweets and Desserts   (Nachtische und Süssigkeiten)
apple turnover   die Apfeltasche
cake   der Kuchen
candy   die Süßigkeiten
caramel custard   der Karamelpudding
compote   das Kompott
cookie   der Keks, das Plätzchen
cream puff   der Windbeutel
custard   der Pudding
custard tart   die Puddingtorte
gelatin dessert   die Götterspeise
gingerbread   der Lebkuchen
honey   der Honig
ice cream   das Eis
    vanilla ice cream   das Vanilleeis
jam   die Marmelade
jelly   das Gelee
jelly doughnut   der Berliner
marzipan   das Marzipan
meringue   der spanische Wind, das Schaumgebäck
pancake   der Pfannkuchen
pie   die Obsttorte
rice pudding   der Milchreis, der Reispudding

sponge cake   der Biskuitkuchen
tart   das Törtchen
turnover   die Tasche
waffle   die Waffel

Beverages   (Getränke)

aperitif   der Aperitif
beer   das Bier
  Altbier   *a bitter beer with a strong flavor of
    hops*
  Bockbier   *a heavy dark, rich beer traditionally
    sold during the spring*
  Export   *a light, not very bitter type of beer that
    was originally brewed for export*
  Kölsch   *a top-brewed wheat beer brewed in the
    Cologne area*
  Malzbier   *a dark, sweet beer with a very low
    alcohol content*
  Märzenbier   *a strong beer originally brewed in
    March*
  Pils, Pilsener   *a light Bohemian-style beer with
    a hops flavor*
  Weißbier, Weizenbier   *a top-brewed, highly
    carbonated beer brewed from wheat*
  Berliner Weiße mit Schuß   Weißbier *with
    a small amount of raspberry syrup*
  dark beer   das dunkle Bier, ein Dunkles
  draft beer   das Bier vom Zapfen, das Bier
    vom Faß
  light beer   das helle Bier, ein Helles
champagne   der Champagner, der Sekt
cider   der Apfelmost
cocoa   der Kakao
  hot chocolate   der heiße Kakao, die heiße
    Schokolade
coffee   der Kaffee
  black coffee   der schwarze Kaffee
  coffee with milk   der Kaffee mit Milch
  espresso   der Espresso
  iced coffee   der Eiskaffee
Coke   die Cola
cordial   der Likör
ice   das Eis
ice cubes   die Eiswürfel

juice   der Saft
  apple juice   der Apfelsaft
  fruit juice   der Fruchtsaft
  orange juice   der Orangensaft
liqueur   der Likör
milk   die Milch
milkshake   das Milchmischgetränk
mineral water   das Mineralwasser
  carbonated mineral water   Mineralwasser mit
    Kohlensäure
  noncarbonated mineral water   Mineralwasser
    ohne Kohlensäure
sherry   der Sherry
soda   das Sodawasser
soft drink   die Limonade, alkoholfreies
    Erfrischungsgetränk
tea   der Tee
  camomile tea   der Kamillentee
  iced tea   der Eistee
  peppermint tea   der Pfefferminztee
  rosehip tea   der Hagebuttentee
water   das Wasser
  iced water   das Eiswasser
wine   der Wein
  Moselle wine   der Moselwein
  red wine   der Rotwein
  Rhine wine   der Rheinwein
  white wine   der Weißwein
  NOTE The quality of German wines can be
  indicated by the time at which the grapes
  were harvested. Below are some terms
  indicating increasingly later harvest times
  (in ascending levels of ripeness and sweetness).
    Spätlese
    Auslese
    Beerenauslese
    Goldbeerenauslese
    Trockenbeerenauslese
    Eiswein

Condiments, Herbs, and Spices   (die Würzen, Kräuter und Gewürze)

anise   der Anis
basil   das Basilikum

bay leaf das Lorbeerblatt
capers die Kapern
caraway der Kümmel
chervil der Kerbel
chives das Schnittlauch
cinnamon der Zimt
coriander der Koriander
dill der Dill
fennel der Fenchel
garlic der Knoblauch
ginger der Ingwer
ketchup der Ketchup
marjoram der Majoran
mayonnaise die Mayonnaise
mint die Minze
mustard der Senf
nutmeg die Muskatnuß
oregano der Oregano
paprika der Paprika
parsley die Petersilie
pepper der Pfeffer
rosemary der Rosmarin
saffron der Safran
sage der Salbei
salt das Salz
sesame der Sesam
sorrel der Sauerampfer
syrup der Sirup
tarragon der Estragon
thyme der Thymian
vanilla die Vanille

Miscellaneous food items (Sonstige Eßwaren)
baking powder das Backpulver
bread das Brot
    Graubrot, Mischbrot *mixed wheat and rye bread*
    Roggenbrot *rye bread*
    Schwarzbrot *black bread*
    Vollkornbrot *whole grain bread*
    Weißbrot *white bread*
butter die Butter
cheese der Käse
    melted cheese der Schmelzkäse
cornflakes die Cornflakes
cornstarch die Speisestärke
cream die Sahne
    whipped cream die Schlagsahne
dumplings der Knödel, der Kloß, die Spätzle
egg white das Eiweiß
egg yolk das Eigelb
flour das Mehl
French fries die Pommes frites
goulash das Gulasch
gravy der Bratensaft, die Soße, die Fleischsoße
lard das Schmalz
macaroni die Makkaroni
noodles die Nudeln
nut die Nuß
oatmeal die Haferflocken
oil das Öl
olive oil das Olivenöl
pancake der Pfannkuchen
peanut die Erdnuß
    peanut butter die Erdnußbutter
pickle die saure Gurke
roll das Brötchen, die Semmel
sandwich das belegte Brot, das Sandwich
snack der Imbiß
spaghetti die Spaghetti
sugar der Zucker
toast das Toastbrot
vinegar der Essig
yeast die Hefe
yogurt der Joghurt, das Joghurt

Methods of cooking

(Zubereitungsweisen)

in aspic   in Aspik
baked   gebacken
barbecued   gegrillt
boiled   gekocht
braised   gedünstet
broiled   geröstet
in butter   in Butter, in Buttersoße
in a casserole   im Topf
in cheese   mit Käse überbacken
in cream sauce   in Sahnesoße
finely chopped   fein gehackt
fried   gebraten, frittiert
garnished   garniert
grated   gerieben
grilled   gegrillt
house style   nach Art des Hauses
in juices   im eigenen Saft
marinated   mariniert
mashed   püriert
in oil   in Öl
with parsley   mit Petersilie
in a pastry   im Teig

poached   pochiert
puréed   püriert
raw   roh
roasted   gebraten
sautéed   sautiert
on a skewer   am Spieß
smoked   geräuchert
steamed   gedämpft
stewed   geschmort
stuffed   gefüllt
in thin strips   fein geschnitten

rare   englisch
medium   halb durch
well-done   (gut) durchgebraten

Eggs (Eier)
fried   Spiegeleier
hard-boiled   hartgekocht
poached   pochiert
scrambled   Rührei
soft-boiled   weichgekocht

Kapitel 7

Die Küche

Wortschatz

Methode der Zubereitung

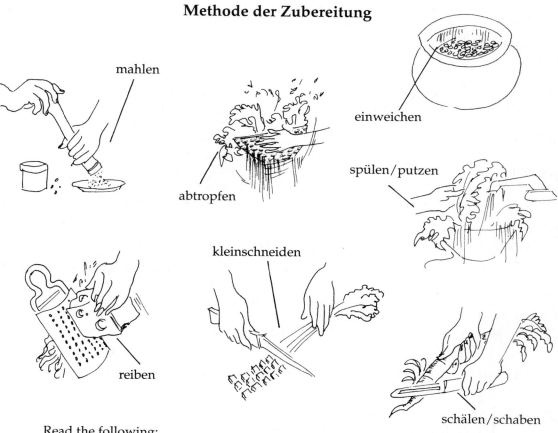

mahlen

abtropfen

einweichen

spülen/putzen

reiben

kleinschneiden

schälen/schaben

Read the following:

ein (sehr) scharfes Messer
das Tranchiermesser

NOTE   A comprehensive list of food items appears on pages 43-47. A list of ways in which foods are frequently prepared appears on page 48.

Übung 1   Put the following directions in order.

_____ Karotten abtropfen lassen
_____ Karotten schälen
_____ Karotten waschen
_____ Karotten zehn bis fünfzehn Minuten kochen
_____ Karotten in Scheiben schneiden

Übung 2   Match the activity or process in the first column with any appropriate food item in the second column.

1. _____ abtropfen
2. _____ reiben
3. _____ mahlen
4. _____ waschen
5. _____ schälen
6. _____ einweichen
7. _____ kleinschneiden
8. _____ in Scheiben schneiden

a. die Erbsen
b. die Zitrone
c. die Pfefferkörner
d. der Spinat
e. die Tomaten
f. der Salat
g. die Knoblauchzehen
h. die Karotten
i. der Käse
j. die Gurke
k. die Kräuter
l. die grünen Bohnen
m. die Radieschen

Übung 3   Complete the following statements.

1. Was meinst du? Soll man die Kartoffeln in _____ schneiden, bevor man sie kocht?
2. Erst _____ ich die Gurken, dann schneide ich sie in Scheiben.
3. Mögen Sie geriebenen _____ mit Spaghetti?
4. Die Pilze sind nicht sauber. Man muß sie gut _____ .
5. Bevor man Linseneintopf kocht, läßt man die Linsen _____.

Übung 4   Give some of the steps in preparing the following food items.

1. Obst
2. Zwiebel
3. Knoblauchzehen (_cloves of garlic_)
4. Kartoffeln für Bratkartoffeln
5. Kartoffeln, die man im Backrohr bäckt

Das Kochen

den Topf vom Feuer nehmen

den Topf aufs Feuer setzen

den Herd einschalten

den Herd ausschalten

Read the following:

Den Kuchen
>
> bei milder Hitze backen.
> bei mittlerer (mäßiger) Hitze backen.
> bei starker Hitze backen.

Die Suppe
>
> auf kleiner Flamme kochen.
> auf mittlerer Flamme kochen.
> auf großer Flamme kochen.

Man setzt den Deckel auf den Kochtopf.
Man kocht das Gemüse zugedeckt.
Man nimmt den Deckel ab.

Butter zerlassen   20 g Butter schmelzen lassen.
schlagen/rühren   Eier schaumig schlagen.
blanchieren   Mandeln blanchieren.
verrühren   Etwas Sahne in der Soße verrühren.

umrühren   Die Soße öfters umrühren.
vermengen   Eier und Zucker mit Mehl vermengen.
auffüllen   Mit Fleischbrühe auffüllen.
zugeben   Etwas Wein zugeben.
eingießen   Einen Liter Fleischbrühe in den Kochtopf eingießen.
aufkochen lassen   Die Brühe einmal aufkochen lassen.
hinzufügen   Fein geschnittenen Dill hinzufügen.
abschmecken   Mit Salz und Pfeffer abschmecken.

einkochen   Die Soße einkochen (dicker machen).
binden / eindicken   Die Soße mit Mehl binden.
fetten   Den Teig in eine gefettete Kuchenform füllen.
bestreuen   Den Kuchen mit Puderzucker bestreuen.
garnieren   Das Steak mit Petersilie garnieren.
übergießen   Den Salat mit Essig und Öl übergießen.
beträufeln   Die Artischocken mit etwas Zitronensaft beträufeln.
aufschlagen   Zwei Eier aufschlagen.
trennen   Das Eiweiß sorgfältig vom Eigelb trennen.

Übung 5   Describe each illustration.

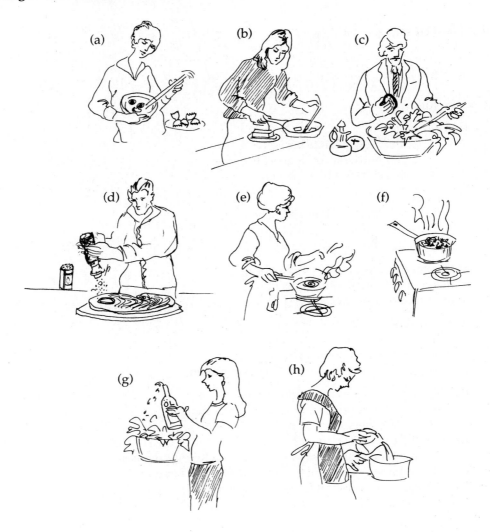

Übung 6   Complete the following directions for food preparation.

1. Bei milder Hitze _____.
2. Einen Liter Fleischbrühe in den Kochtopf _____.
3. Zwei Knoblauchzehen_____.
4. Fleischbrühe einmal_____ lassen.
5. Feingeschnittene Petersilie_____ .
6. Das Eiweiß vom Eigelb_____ .
7. Die Kuchenform_____.
8. Etwas Margarine_____.
9. Spinatblätter mit Salatsoße_____.
10. Eiweiß steif_____.
11. 200 g Mandeln_____ .
12. Zwei Eier in der Pfanne_____.
13. Den Teig in die gefettete Springform_____ .
14. Die Suppe öfters_____ .
15. Den Fisch mit etwas Zitronensaft _____.
16. Die Käseplatte mit Tomaten und Oliven_____.
17. Die Soße mit Stärkemehl _____.
18. Den Salat mit Salz, Pfeffer und Gewürzen _____.
19. Etwas Wein zu der Soße _____.
20. Die Waffeln mit Puderzucker _____.

Übung 7   Express the following in German. Do not translate word-for-word.

1. Cover and cook over a low flame for five minutes.
2. Uncover, add a little wine, and stir until the sauce thickens.
3. Add the juice of one lemon to the sauce and stir. Add a pinch of salt and beat until all ingredients are blended.
4. Bring the water to a boil and then let it boil for five minutes.
5. Uncover and cook over a low flame.
6. Chop the onions and two cloves of garlic and add to the tomatoes in the skillet. Sprinkle lemon juice over the tomatoes and stir.

AUS DEM ALLTAG

Beispiel 1

You happen to like cooking and you are discussing food with a friend in Rosenheim near Chiemsee. Give your friend the recipe for one of your favorite dishes.

EINBLICK INS LEBEN

Beispiel 1

Read the following recipe **(das Rezept)** for hard-boiled eggs in mustard sauce, which appeared in *Brigitte,* a popular German magazine.

Eier in Senfsauce

40 g Butter, 50 g Mehl, 2 Eßlöffel Senf, ½ Liter Fleischbrühe (Würfel), 1 Teelöffel Zucker, Salz, Pfeffer, 8 Eier, 1 Tomate, Kresse.

Butter in einem Topf schmelzen, Mehl und Senf darunterrühren. Mit der Fleischbrühe auffüllen, aufkochen lassen und mit Zucker, Salz und Pfeffer würzen. Die Soße zehn Minuten bei kleiner Hitze kochen lassen. Eier zehn Minuten kochen, kalt abspülen, schälen und der Länge nach halbieren. Die Senfsoße in eine flache Schüssel füllen und die aufgeschnittenen Eier in die Soße legen. Mit Tomatenvierteln und Kresse garnieren.

Dieses Rezept ist für vier Personen berechnet und enthält (Beilage nicht mitgerechnet):

Eiweiß: 68 g   *Kalorien: 1270*
Fett: 85 g   *pro Person etwa:*
Kohlehydrate: 50 g   *318 Kalorien*

Beilage: Salzkartoffeln

Answer the questions based on the recipe you just read.
1. Wie macht man die Soße?
2. Bei welcher Hitze wird die Soße gekocht?
3. Wie viele Eier verlangt dieses Rezept?
4. Wie lange kocht man die Eier?
5. Wie nennt man solche Eier?
6. Was macht man dann mit den Eiern?
7. Wie serviert man die Eier?
8. Womit garniert man die Eier?
9. Was macht man zu allerletzt?
10. Für wieviele Personnen ist dieses Rezept?

Beispiel 2

Read the following recipe for an old German favorite—smoked loin of pork.

Kassler mit Sauerkraut

In vielen Familien kommt am ersten Tag des Jahres nach altbewährtem Brauch das deutsche Nationalgericht – Kassler mit Sauerkraut – auf den Tisch. Man sagt, daß dem, der das neue Jahr so kulinarisch beginnt, das Geld niemals ausgeht.

Für 6 Personen: 1 kg Kassler, 1/2 l Wasser, 1 mittlere Zwiebel, 1 Möhre, 3 Lorbeerblätter, Pfeffer, Salz, 1 Tasse Rotwein, 1 Eßlöffel Mehl, 1/2 Tasse saure Sahne

Das Kassler waschen, abtrocknen und mit der Fettseite nach unten in einen großen Bratentopf legen. Mit einem halben Liter kochendem Wasser übergießen. Die Zwiebel und die Möhre zerschneiden und mit den Lorbeerblättern in den Topf geben. Den Backofen auf 225°C vorheizen, den Bratentopf hineinschieben und 75 Minuten lang braten. Während dieser Zeit das Kassler mindestens einmal wenden und mehrmals mit dem Bratensaft oder einem Schuß kaltem Wasser übergießen. Das fertige Fleisch vom Knochen lösen und in Scheiben schneiden. Auf einer Platte oder im Ofen warmhalten. Den Bratensaft kurz mit dem Rotwein aufkochen lassen und durch ein Sieb geben. Dann die saure Sahne mit dem Mehl verrühren, in die Sauce geben und unter Rühren kurz aufkochen lassen. Mit Salz und Pfeffer abschmecken. Kassler mit Sauerkraut und Salzkartoffeln servieren.

Answer the questions based on the recipe you just read.

1. Was macht man zuerst?
2. Wie werden die Zwiebel und die Möhre zubereitet?
3. Bei welcher Temperatur brät man das Kassler?
4. Wie lange brät man das Kassler?
5. Was macht man mit dem Bratensaft?
6. Was serviert man mit dem Kassler?

Give the German equivalent for each of the following words or expressions.

1. wash and dry
2. roasting pan
3. pan juices
4. keep warm
5. bring to a boil
6. cut in small pieces
7. preheat
8. laurel leaves
9. oven
10. mix, stir

Kapitel 8

Kleidung

Wortschatz

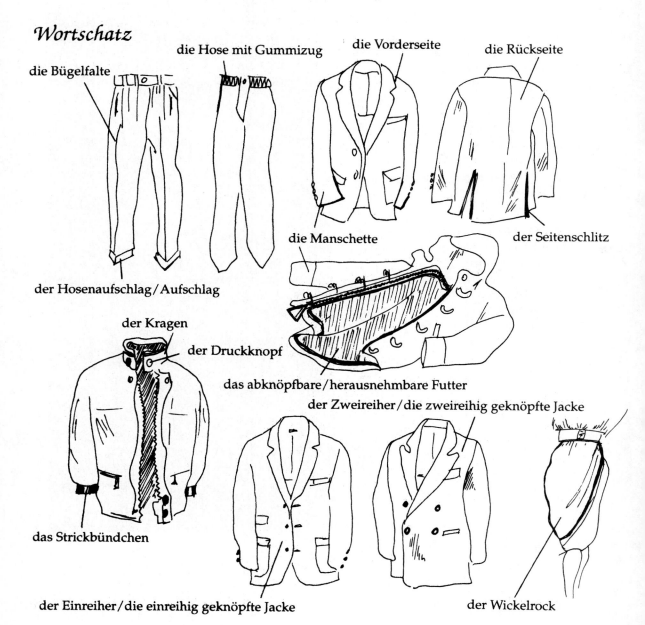

die Bügelfalte

die Hose mit Gummizug

die Vorderseite

die Rückseite

der Hosenaufschlag / Aufschlag

die Manschette

der Seitenschlitz

der Kragen

der Druckknopf

das abknöpfbare / herausnehmbare Futter

der Zweireiher / die zweireihig geknöpfte Jacke

das Strickbündchen

der Einreiher / die einreihig geknöpfte Jacke

der Wickelrock

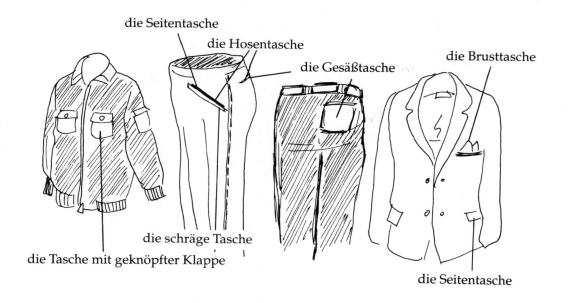

die Seitentasche
die Hosentasche
die Gesäßtasche
die Brusttasche
die schräge Tasche
die Tasche mit geknöpfter Klappe
die Seitentasche

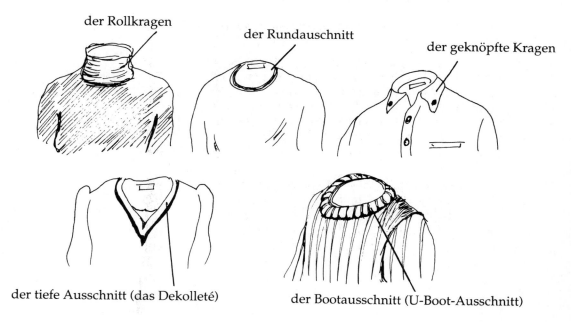

der Rollkragen
der Rundauschnitt
der geknöpfte Kragen
der tiefe Ausschnitt (das Dekolleté)
der Bootausschnitt (U-Boot-Ausschnitt)

NOTE   A complete list of articles of clothing and fabrics appears on pages 64-65.

Übung 1 Match each word or expression with the correct illustration.

1. _____ die Hose mit Gummizug
2. _____ das Strickbündchen
3. _____ die vordere Bügelfalte
4. _____ der Hosenaufschlag
5. _____ der tiefe Ausschnitt
6. _____ die Brusttasche
7. _____ die Gesäßtasche
8. _____ der Rollkragen
9. _____ die schräge Tasche
10. _____ die Vorderseite
11. _____ der Zweireiher
12. _____ der Seitenschlitz

Übung 2   Answer the following questions.

1. Tragen Sie im Augenblick eine Hose? *(If you answer* no, *go on to Exercise 3.)*
2. Aus welchem Stoff ist die Hose?
3. Hat die Hose Taschen? Wie viele?
4. Was für Taschen? Beschreiben Sie sie.
5. Ist die Hose eine Bundfaltenhose?
6. Ist die Hose elegant oder sportlich?
7. Ist sie gefüttert?
8. Kann man das Futter herausnehmen?
9. Haben Sie einen Regenmantel mit herausnehmbarem Futter?
10. Hat die Hose Aufschläge?
11. Hat die Hose Gummizug oder muß man einen Gürtel tragen?
12. Welche Farbe hat die Hose?
13. Hat diese Hose einen Hosenschlitz?
14. Hat der Hosenschlitz einen Reißverschluß oder Knöpfe?

Übung 3   Answer the following questions.

1. Tragen Sie einen Rock?
2. Aus welchem Stoff ist dieser Rock?
3. Welche Farbe hat er?
4. Ist er ein Faltenrock?
5. Hat der Rock hinten einen Schlitz?
6. Hat er einen Bund mit Gummizug?
7. Ist er ein langer oder ein kurzer Rock?
8. Ist er ein Wickelrock?

Hier ist ein Hemd
mit großem Karomuster.

Hier ist ein Hemd
mit kleinem Karomuster.

Dieses Sakko ist ein bißchen eng.
Ich möchte die nächste Größe.

Dieses Sakko ist ein bißchen weit.
Ich möchte eine Größe kleiner.

Dieser Herr läßt sich einen Anzug machen.
Er will keinen Anzug von der Stange kaufen.
Er will einen maßgeschneiderten Anzug machen lassen. /
　Er will einen nach Maß gearbeiteten Anzug machen lassen.
Er ist beim Schneider.
Der Schneider nimmt bei ihm Maß.

Die Dame kauft ein Kostüm.
Sie will sich kein nach Maß geschneidertes Kostüm machen lassen.
Sie kauft von der Stange.
Das heißt, sie kauft Konfektion. / Sie kauft Fertigkleidung.

Übung 4 Choose the correct response.

1. Welche Größe tragen Sie?
   a. Ich weiß nicht. Bitte nehmen Sie bei mir Maß.
   b. Ich will einen dicken, warmen Pullover.
2. Warum trägt man maßgeschneiderte Kleidung?
   a. Sie sitzt immer perfekt.
   b. Sie ist oft zu groß.
3. Warum trägt man keine maßgeschneiderte Kleidung?
   a. Sie ist sündhaft *(wickedly)* teuer!
   b. Sie ist oft zu klein.
4. Was für Kleidung tragen die meisten Menschen?
   a. Maßgeschneiderte Kleidung.
   b. Kleidung von der Stange.

Übung 5   In your own words, describe the illustration. Be as thorough as possible.

Übung 6   In your own words, describe exactly what you are wearing at this moment. Be as thorough as you can.

AUS DEM ALLTAG

Beispiel 1

You are in a men's clothing store in Mainz. You are interested in buying a jacket and a pair of pants. A salesperson is waiting on you.

1. He wants to know if you want a single- or double-breasted jacket. Tell him.
2. He wants to know if you prefer a formal or a casual look. Tell him.
3. He wants to know if you have a preference in fabric. Tell him.
4. He wants to know if you like wide lapels. Tell him.
5. You try on a pair of slacks and you notice that there are no back pockets. Tell the salesperson that you prefer pants that have back pockets.
6. Explain to him that if the slacks have no back pocket you never know what to do with your wallet.
7. You finally find a pair of slacks that you like. The salesperson wants to know if you want cuffs. Tell him.
8. Ask the salesperson if the tailor will make some alterations **(Änderungen)**.
9. Tell him you think the waist is too tight.

Beispiel 2

You are in a women's clothing store in Salzburg. You are interested in buying a skirt. The salesperson is waiting on you.
1. The salesperson asks you if you want a skirt with pleats or without. Tell her.
2. She wants to know if you prefer a dressy look or a more casual look. Tell her.
3. She wants to know if you have a preference in fabric. Tell her.
4. She wants to know whether you want an elasticized waistband or if you prefer to wear a belt. Tell her.
5. She wants to know if you want a short skirt or a long one. Tell her.
6. She wants to know if you want a skirt with pockets or without. Tell her.

EINBLICK INS LEBEN

Beispiel 1

Read the following description of a dress, which recently appeared in *Brigitte,* a German women's fashion magazine..

Das zweiteilige Kleid aus schwarzem Rippenjersey— Foto oben—paßt natürlich nicht nur zu diesen Jacken. Das Oberteil hat den aktuellen Reißverschluß-Rollkragen und weite 3/4 lange Ärmel, eine Brusttasche und Seitenschlitze. Der enge Rock mit zwei Reißverschlußtaschen und Gummibündchen ist hinten geschlitzt. Aus Baumwolle. Für 88 Mark. Blouson und Kleid gibt es in Größe 36 bis 44. Zu bestellen per Nachnahme + Versandkosten...

Alle Modelle, die dieses B tragen, sind von Brigitte entworfen.

In your own words, describe the dress to a friend who does not read German. Be sure to cover the following points.
1. der Kragen
2. die Ärmel
3. die Taschen
4. der Rock
5. der Stoff
6. der Preis

Men's Clothing (Herrenbekleidung)

bathing suit   der Badeanzug
belt   der Gürtel
bermuda shorts   die Bermudas
boots   die Stiefel
bow tie   die Fliege
briefs (bikini underpants)   der Slip
cap   die Mütze
cardigan sweater   die Strickjacke
gloves   die Handschuhe
handkerchief   das Taschentuch
hat   der Hut
jacket   die Jacke
    sports jacket   der (das) Sakko
jeans   die Jeans
jogging pants   die Jogginghose
necktie   die Krawatte, der Schlips
overcoat   der Mantel
pajamas   der Schlafanzug, der Pyjama
pants   die Hose
parka   der Anorak
pullover sweater   der Pullover, der Pulli
raincoat   der Regenmantel
sandals   die Sandalen

shirt   das Hemd
shoes   die Schuhe
shorts   die kurzen Hosen, die Shorts
slacks   die Hose
sneakers   die Turnschuhe
socks   die Socken
sport coat   der (das) Sakko
suit   der Anzug
suspenders   die Hosenträger
sweater, cardigan   die Strickjacke
    pullover sweater   der Pullover
T-shirt   das T-shirt
trenchcoat   der Trenchcoat, der Trench
tuxedo   der Smoking
umbrella   der (Regen) schirm
underpants   die Unterhose
    bikini-type briefs   der Slip
undershirt   das Unterhemd
underwear   die Unterwäsche
vest   die Weste
wallet   die Brieftasche
windbreaker   die Windjacke

Women's Clothing (Damenbekleidung)

bathing suit   der Badeanzug
bathrobe   der Bademantel, der Morgenrock
bermuda shorts   die Bermudas
blazer   der Blazer
blouse   die Bluse
bra   der BH, der Büstenhalter
cape   das Cape, der Umhang
cardigan sweater   die Strickjacke
change purse   das Portemonnaie
dress   das Kleid
evening gown   das Abendkleid
fur coat   der Pelzmantel
gloves   die Handschuhe

handkerchief   das Taschentuch
hat   der (Damen)hut
jacket   die Jacke
    windbreaker   die Windjacke
jeans   die Jeans
nightgown   das Nachthemd
overcoat   der Mantel
pajamas   der Schlafanzug, der Pyjama
panties   das Unterhöschen
    bikini-type briefs   der Slip
pants   die Hose
pant suit   der Hosenanzug
pantyhose   die Strumpfhose

pocketbook   die Handtasche
pullover sweater   der Pullover, der Pulli
raincoat   der Regenmantel
scarf   der Schal
shoes   die Schuhe
shorts   die Shorts
skirt   der Rock
slacks   die Hose
slip, full   der Unterrock
socks   die Socken

stockings   die Strümpfe
suit   das Kostüm
sweater, cardigan   die Strickjacke
        pullover sweater   der Pullover
tights   die Strumpfhose
trenchcoat   der Trenchcoat, der Trench
umbrella   der (Regen) Schirm
undergarments   die Unterwäsche
windbreaker   die Windjacke

Fabrics (Stoffe)

blend   aus Mischgewebe
cashmere   aus Kashmir (Kashmirwolle)
corduroy   aus Kord
cotton   aus Baumwolle
cotton blend   aus Baumwollmischgewebe
felt   aus Filz
flannel   aus Flanell
gabardine   aus Gabardine
denim   aus Jeansstoff
knit   aus Tricot (Jersey, Strick, Strickstoff)
leather   aus Leder

linen   aus Leinen
nylon   aus Nylon
polyester   aus Polyester
poplin   aus Popelin (Popeline)
seersucker   aus Seersucker
silk   aus Seide
suede   aus Wildleder
terry cloth   aus Frottee
wool   aus Wolle
worsted wool   aus Kammwolle

to shrink   eingehen/einlaufen
        Das Kleid geht ein.
        Das Keid läuft ein.

shrink-proof   nicht eingehend
washable   waschbar
wrinkle-resistant   bügelfrei
synthetic   aus Chemiefaser
easy care   pflegeleicht

Kapitel 9

In der Reinigung und in der Wäscherei

Wortschatz

das Loch/der Riß

stopfen/flicken

eine Naht schließen

Das Futter ist zerrissen.

Die Strickjacke ist eingegangen (eingelaufen).

Ein Knopf ist abgefallen.

Übung 1 Describe each illustration.

Gespräch

In der Reinigung

KUNDIN	Ich möchte diese Bluse reinigen lassen.
ANGESTELLTE	Selbstverständlich. Hat sie besondere Flecken?
KUNDIN	Ja. Sie hat einen Fleck auf dem Ärmel. Können Sie ihn entfernen?
ANGESTELLTE	Ich weiß nicht. Ist es ein Fettfleck?
KUNDIN	Das weiß ich nicht. Ich glaube es ist *eher* ein Kaffeefleck. *more likely*
ANGESTELLTE	Wir werden unser Bestes tun, aber wir können nichts garantieren.

Übung 2 Complete the statements based on the preceding conversation.

1. Die Kundin möchte ihre Bluse _____.
2. Sie will wissen, ob *(whether)* die Reinigung den Fleck _____ kann.
3. Die Angestellte fragt, ob der Fleck ein Fettfleck _____.
4. Die Kundin glaubt, daß der Fleck ein _____ ist.
5. Die Angestellte verspricht ihr Bestes zu _____.
6. Sie kann aber nichts _____.

In der Wäscherei

KUNDIN	Ich möchte diesen Pullover waschen lassen.
ANGESTELLTE	Diesen Pullover? Den darf man nicht waschen. Der ist aus Kashmirwolle und wird eingehen.
KUNDIN	Man darf ihn nicht waschen?
ANGESTELLTE	Richtig, weil er ganz *sicher* eingehen wird. Aber man kann ihn problemlos chemisch reinigen.
KUNDIN	O.K. Kann ich ihn heute nachmittag abholen?
ANGESTELLTE	Leider nicht. *(auf ein Schild zeigend)* Sehen Sie, "Chemische Reinigung—innerhalb von 24 Stunden".
KUNDIN	Schade. Ich wollte ihn heute abend tragen. Also, ich komme morgen wieder.

certainly (margin gloss for *sicher*)

Übung 3 Explain in your own words why the sweater mentioned in the preceding conversation cannot be washed.

In der Reinigung

KUNDIN	Guten Tag. Dieser Mantel ist ziemlich *abgetragen*, aber er ist mein *Lieblingsmantel* und ich will ihn nicht *wegwerfen*. Er ist nämlich sehr bequem. Das Futter hat aber einen Riß. Können Sie das Futter flicken?
ANGESTELLTE	Kein Problem. Der Schneider kann den Riß reparieren.
KUNDIN	Und hier auf der Schulter hat der Mantel ein kleines Loch. Es *sieht aus wie* ein Brandloch, und dabei bin ich *Nichtraucherin*. Können Sie es flicken?
ANGESTELLTE	Das ist ziemlich schwierig. Wenn der Schneider zurückkommt, werde ich ihn fragen, ob er es *einweben* kann.

margin glosses: *worn* (*abgetragen*), *favorite coat* (*Lieblingsmantel*), *throw away* (*wegwerfen*), *looks like* (*sieht aus wie*), *nonsmoker* (*Nichtraucherin*), *reweave* (*einweben*)

Übung 4 Answer the questions based on the preceding conversation.

1. Ist der Mantel der Kundin neu?
2. Sie will den Mantel nicht wegwerfen. Warum nicht?
3. Was ist mit dem Futter los?
4. Kann man es reparieren?
5. Wo ist das kleine Loch?
6. Wer kann es reparieren?
7. Ist die Kundin Raucherin oder Nichtraucherin?

AUS DEM ALLTAG

Beispiel 1

You are on a long trip through the German-speaking countries. You finally have to get your laundry done. You decide you will get it done in Konstanz, before leaving for the smaller towns in the Alps.

1. You have three shirts that you want washed and ironed. Tell the clerk and also explain that you do not want any starch.
2. Show her your sweater. Explain to her that it is wool. Ask her if it will shrink.
3. She tells you that it will definitely shrink. Since you need it desperately before heading for the mountains, tell her to dry clean it.
4. You have a windbreaker **(die Windjacke)** and a button has fallen off. Ask the clerk if they can dry clean the jacket and sew on the missing button.
5. The clerk wants to know when you will need everything. Explain to her that you are leaving Konstanz the day after tomorrow **(übermorgen).** Tell her you would like to have the clothes tomorrow afternoon.

Kapitel 10

Im Krankenhaus

Wortschatz

Krankenhauspersonal

der Anästhesist/die Anästhesistin

der Operationssaal

die Aufwachstation

der Chirurg/die Chirurgin

die Krankenschwester

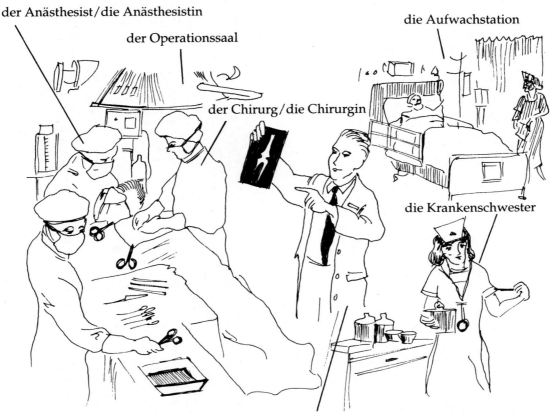

der medizinisch-technische Laborassistent/die medizinisch-technische Laborassistentin
(Röntgenassistent/Röntgenassistentin)

NOTE   The terms **der Krankenpfleger** or **die Krankenpflegerin** are used increasingly
in place of the older term **Krankenschwester.**

die Nahrung intravenös verabreichen / am Tropf hängen

den Blutdruck messen

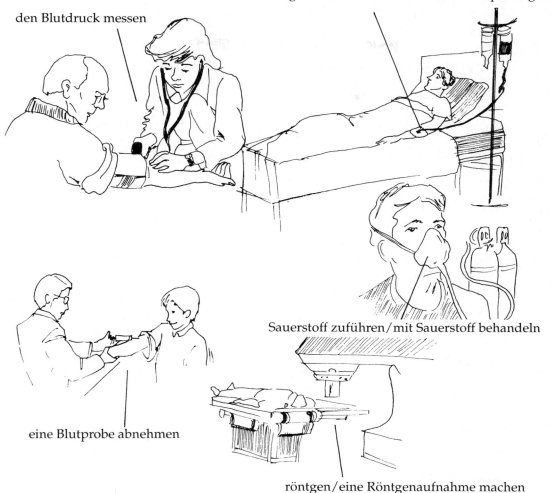

Sauerstoff zuführen / mit Sauerstoff behandeln

eine Blutprobe abnehmen

röntgen / eine Röntgenaufnahme machen

Read the following:

> Der Patient wird operiert.
> Der Patient liegt auf dem Operationstisch.
> Der Patient ist betäubt (narkotisiert).
> Der Patient wird am Blinddarm operiert.
> Der Chirurg nimmt ihm den Blinddarm heraus.
> Nach der Operation wird der Patient auf die
>   Aufwachstation gebracht.
> Wenn sein Zustand lebensgefährlich ist, wird
>   er auf die Intensivstation gebracht.

Übung 1   Answer the following questions.

1. Wer operiert? / Wer macht chirurgische Eingriffe?
2. Wer narkotisiert den Patienten vor der Operation?
3. Wer macht die Röntgenaufnahmen?
4. Wer nimmt die Blutprobe ab?
5. Wer hilft dem Arzt im Krankenhaus?

Übung 2   In your own words, give four customary pre-operative procedures.

Übung 3   Complete the following statements.

1. Der Patient ist im _____.
2. Er wird _____.
3. Er _____ auf dem Operationstisch.
4. Er wird am _____ operiert.
5. Nach der Operation wird er auf die _____ gebracht.
6. Wenn Komplikationen auftreten *(arise)*, wird er auf die _____ gebracht..
7. Wenn er Atemschwierigkeiten hat, wird er mit _____ behandelt.
8. Wenn er schwer krank ist, wird die Nahrung _____ gegeben.

Die *Schwangerschaft*   *pregnancy*

Read the following:

Marga ist *schwanger.*	*pregnant*
Sie ist *guter Hoffnung.*	*pregnant*
Sie *liegt in den Wehen.*	*is in labor*
Sie hat die *Wehen.*	*is in labor*
Sie *wird bald ihr Kind zur Welt bringen.*	*will deliver her child soon*
Sie ist im *Kreißsaal.*	*delivery room*
Sie wird von einem *Geburtshelfer* betreut.	*obstetrician*
Sie ist von einem gesunden Jungen (einem gesunden Mädchen) entbunden worden.	*She delivered a healthy boy (girl).*
Sie hat einen gesunden Jungen (ein gesundes Mädchen) zur Welt gebracht.	*She delivered a healthy boy (girl).*
Zwei Tage nach der *Entbindung* geht sie nach Hause.	*delivery*
Zwei Tage nach der *Geburt* geht sie nach Hause.	*birth*

Übung 4 Complete the following statements.

1. Marga wird Mutter. Sie ist _____.
2. Vor der Entbindung, bekommt sie _____.
3. Kurz vor der Entbindung wird sie in den _____ gebracht.
4. Sie wird von einem Geburtshelfer _____.
5. Sie bringt einen gesunden Jungen _____.
6. Zwei Tage nach der _____ geht sie nach Hause..

AUS DEM ALLTAG

Beispiel 1

A German-speaking friend asks you about your hospital experiences. You have quite a story to tell. Give him the following information.

1. You had an attack of appendicitis (**die Blinddarmentzündung**).
2. You went to the emergency room at the local hospital.
3. They told you you needed an operation.
4. A nurse took your blood pressure and a blood sample.
5. They put you on the operating table in the operating room.
6. The anesthetist gave you anesthesia.
7. In the recovery room, you woke up and found they were giving you oxygen and feeding you intravenously.
8. You were hospitalized for two days.
9. Every time you fell asleep, the nurses woke you to take your blood pressure and your temperature.

EINBLICK INS LEBEN

Beispiel 1

Read the following health insurance form (**Krankenschein**).

Krankenschein
Ärztliche Behandlung

BARMER
ERSATZKASSE

Mitgliedsnummer

Name, Vorname

Straße, Nr.

PLZ   Wohnort

Geburtsdatum

Sehr geehrtes Mitglied,
bitte melden Sie uns Unfälle, Berufs-
krankheiten, Kriegs- und Wehrdienst-
beschädigungen; hierdurch sichern
Sie sich unter Umständen weitere
Ansprüche.

Mit freundlichen Grüßen
Ihre

BARMER

Geschaftsstelle (Nummer u. Name)

Ausstellungstag   Unterschrift des Mitgliedes

Familienafgehorige
Name   Vorname   Geb.-Datum

☐ Ehegatte   ☐ Kind   ☐ sonst. Angehörige
(Zutreffendes ankreuzen)

Auch im Krankheitsfall – Die BARMER: schnell, vorteilhaft, bequem

Quartal __/19__ **E-GO**	Diagnosen (ggf. Abrechnungsbegründungen): ————————————————			M F
				BARMER ERSATZKASSE
				Zutreffendes bitte ankreuzen
				Krankenkassen-Nr.
				4940005
Tag		Tag	Tag	
				Lft. Nr.:
				Berechtigungsschein liegt vor fur ☐ Früherkennungsuntersuchungen vom _____ (Ausstellungsdatum) ☐ Gesundheitsuntersuchung vom _____ (Ausstellungsdatum) Mut
	Nicht zu verwenden bei Arbéitsunfällen und Berufskrankeiten			
	Zutreffendes bitte ankreuzen			

Express each of the following words or expressions in German based on the form you just read.

1. medical treatment
2. family member
3. signature of member
4. mark with an X where applicable
5. occupational illnesses
6. first name
7. accident
8. birth date
9. spouse
10. member

Parts of the Body (Körperteile)

ankle   der Knöchel
arm   der Arm
back   der Rücken
bladder   die Blase
body   der Körper
bone   der Knochen
brain   das Gehirn
breast   die Brust
cheek   die Wange, Backe
chest   der Brustkorb
chin   das Kinn
collarbone   das Schlüsselbein
ear   das Ohr
elbow   der Ellbogen, Ellenbogen
eye   das Auge
eyelid   das Augenlid
face   das Gesicht
finger   der Finger
foot   der Fuß
forehead   die Stirn
gallbladder   die Gallenblase
gum   das Zahnfleisch
hand   die Hand
head   der Kopf
heart   das Herz
heel   die Ferse
hip   die Hüfte
intestines   der Darm, Dickdarm, Dünndarm

jaw   der Kiefer
joint   das Gelenk
kidney   die Niere
knee   das Knie
kneecap   die Kniescheibe
leg   das Bein
lip   die Lippe
liver   die Leber
lung   die Lunge
mouth   der Mund
muscle   der Muskel
nail   der Nagel, Fingernagel, Zehennagel
neck   der Hals
nerve   der Nerv
nose   die Nase
rib   die Rippe
shoulder   die Schulter
skin   die Haut
stomach   der Magen, Bauch
temple   die Schläfe
thigh   der Oberschenkel
throat   der Hals, die Kehle, der Rachen
thumb   der Daumen
toe   der Zeh, die Zehe
tongue   die Zunge
tonsils   die Mandeln
tooth   der Zahn
vein   die Vene

Kapitel 11

Kulturelle Veranstaltungen

Wortschatz

Das Kino

Read the following:

einen Film zeigen
Zur Zeit läuft ein guter Film im "Kino am Dreiecksplatz".
einen Film drehen
Viele Hollywood Filme werden in Europa gedreht, nicht in Hollywood.
eine Film synchronisieren
Der amerikanische Film ist natürlich auf Englisch gedreht worden; nachher wurde er Deutsch synchronisiert.

einen Film uraufführen   die erste Aufführung einer Oper, eines Films, oder eines Theaterstücks
Der Regisseur wollte den Film in München uraufführen.
der Untertitel   die kurze Übersetzung des Dialogs eines ausländischen Films; dieser Text erscheint im unteren Teil der Leinwand.

Die Namen aller Schauspieler, das heißt die *Besetzung*.	cast
Der *Vorspann* oder *Nachspann* gibt die Namen aller	credits before or after the film
Mitwirkenden bekannt.	all who participated in the production of the film in all capacities
Alle Schauspieler, die bei dem Film *mitwirken*, heißen	play a part
die Besetzung.	
Um einen Film zu produzieren sind die folgenden	
Personen *nötig:*	necessary
der Filmproduzent *stellt* das Geld *bereit.*	provides
der Drehbuchautor schreibt das *Drehbuch.*	screen play
der Filmregisseur *führt* die Regie.	directs
der Filmkomponist komponiert die Musik.	
der Stuntman *führt* die Stunts *aus.*	performs

Andere Mitwirkende sind technische Mitarbeiter wie der
Kameramann, Tontechniker und Schnittmeister oder
sogennannter Cutter.

Übung 1 Answer the following questions.

1. Wie heißt ein Kino bei Ihnen in der Nähe?
2. Welcher Film läuft zur Zeit?
3. Hat dieses Kino eine Nonstopvorstellung? Wenn nicht, wie viele Vorstellungen hat es am Tag?
4. Laufen gelegentlich *(occasionally)* ausländische Filme?
5. Wenn Sie einen ausländischen Film sehen, ziehen Sie die Originalfassung vor?
   (Note: **vorziehen** = *prefer;* **Originalfassung** = *original version*)
6. Mögen Sie sychronisierte Filme?
7. Was mögen Sie am liebsten? Synchronisierte Filme, Filme mit Untertiteln oder Filme in Originalfassung?
8. Wenn Sie einen Film aussuchen *(choose)*, was interessiert Sie am meisten? Die Besetzung oder nur der Star?
9. Wenn Sie ins Kino gehen, lesen Sie immer den Vorspann und den Nachspann?

Übung 2 Choose the correct completion.

1. Man _____ immer gute Filme im Kino am Dreiecksplatz.
   a. zeigt   b. synchronisiert   c. schreibt
2. Der Film hat _____, weil der Dialog auf Französisch ist.
   a. Untertitel   b. Zeit   c. Verspätung
3. Dieser Film ist nicht synchronisiert, aber wenn man kein Deutsch versteht, kann man die Untertitel _____.
   a. lesen   b. hören   c. ignorieren
4. In allen Großstädten gibt es mehere große Kinos, wo _____ gezeigt werden.
   a. Filme   b. Theaterstücke   c. Opern
5. Ich mag synchronisierte Filme nicht. Ich sehe lieber die _____.
   a. Originalfassung   b. Besetzung   c. Oper
6. Alle Schauspieler und Schauspielerinnen formen die _____.
   a. Besetzung   b. Regie   c. Kinokarte
7. Die Namen der Stars, des Filmproduzenten, des Regisseurs, und des Drehbuchautors werden in dem _____ gezeigt.
   a. Vorspann   b. Drehbuch   c. Dialog
8. Der _____ sorgt für die Regie.
   a. Drehbuchautor   b. Filmregisseur   c. Filmproduzent
9. Die Tontechniker sorgen für den Ton und die Kameramänner sorgen für _____.
   a. das Bild   b. die Besetzung   c. die Musik
10. Alle Mitarbeiter bei dem Film heißen _____.
    a. Stars   b. Regisseure   c. Mitwirkenden

Übung 3   Who is being described?

1. Er führt die Regie.
2. Er finanziert den Film.
3. Er schreibt das Drehbuch.
4. Er filmt die Szenen.
5. Er ist für den Schnitt verantwortlich.
6. Er führt die Stunts aus.
7. Er komponiert die Musik.
8. Er ist für die Tonwiedergabe verantwortlich.

Das Theater

hinter den Kulissen

der Bühnenarbeiter

der Regisseur

die Garderobenfrau

die Garderobe

das Theaterprogramm   die Platzanweiserin

Read the following:

Dieses Theaterstück ist ein großer Hit.
Dieses Stück ist ein *Riesenerfolg*.   *tremendous success*
Dieses Stück ist ein *Bombenerfolg*.   *smash hit*
Das Stück ist ein *Kassenschlager*.   *box office success*
Das Stück spielt vor ausverkauftem Haus.
Montag abend ist *keine Vorstellung*.   *no performance*
Das Theater hat Ruhetag.

Dieses Stück war kein Erfolg.
   Es war eine Niete.
   Es war ein Fiasko.

Übung 4 Choose the correct completion.

1. Wenn man ins Theater kommt, läßt man den Mantel an der _____.
   a. Platzanweiserin   b. Bühne   c. Garderobe
2. Die _____ bringt die Theaterbesucher an ihre Plätze.
   a. Garderobenfrau   b. Platzanweiserin   c. Schlauspielerin
3. Die _____ arbeitet an der Garderobe.
   a. Kartenverkäuferin   b. Garderobenfrau   c. Opernsängerin
4. Die _____ gibt Ihnen das Theaterprogramm.
   a. der Regisseur   b. die Garderobenfrau   c. die Platzanweiserin
5. Die Bühnenarbeiter arbeiten _____.
   a. auf der Bühne   b. in der Garderobe   c. hinter den Kulissen
6. Das Publikum kann nicht sehen, was sich hinter _____ abspielt (*goes on*).
   a. den Kulissen   b. der Garderobe   c. der Kasse
7. Das Theaterstück war ein großer Erfolg. Es spielte ständig (*continually*) vor _____ Haus.
   a. ausverkauftem   b. leerem   c. kaltem
8. Heute wird kein Theaterstück aufgeführt. Heute gibt es keine _____.
   a. Vorstellung   b. Karten   c. Zeit

AUS DEM ALLTAG

Beispiel 1

You are in Aachen and you are thinking of going to a movie with a German friend.
1 Ask your friend what movies are showing.
2. Ask her what showing she wants to go to.
3. Ask her if they are showing a French film.
4. Your friend tells you that it is a French film they are showing. Ask her if they are showing the original or a dubbed version.
5. She tells you that they are showing the original French version. Ask if it will have German subtitles.

EINBLICK INS LEBEN

Beispiel 1

Read the following movie titles. Try to think of their English titles.
1. Der letzte Tango in Paris
2. Der blaue Engel
3. Jenseits von Eden
4. Der mit dem Wolf tanzt
5. Die Geburt einer Nation

6. Die Reise um die Welt in 80 Tagen
7. Der Jazzsänger
8. Die Brücke am Kwai
9. Wer hat Angst vor Virginia Woolf?
10. Der längste Tag
11. Einer flog über das Kuckucksnest
12. Der Spion, der aus der Kälte kam

Beispiel 2

Read the following synopsis of a movie, which appeared in *die tageszeitung*.

Schauplatz des Verbrechens

Der 13jährige Thomas (Nicolas Giraudi) ist bekannt für seine Fabulierfreude. Niemand glaubt ihm daher, als er von zwei entflohenen Sträflingen berichtet, denen er auf dem Friedhof begegnet sein will. Doch diesmal ist die Geschichte wahr. Einer der beiden Ausreißer wollte den ungebetenen Zeugen umbringen. Der andere ging dazwischen und tötete seinen Kompagnon im Affekt. Die Mutter des Jungen (Catherine Deneuve) lernt den Retter kennen und verliebt sich....

The following information should be helpful in understanding the preceding paragraph:

Fabulierfreunde = Freude am fabulieren
fabulieren = phantasievoll erzählen
Sträflinge = Leute, die bestraft wurden *(remember "Strafgelder"?)*
Ausreißer = jemand der wegläuft
Zeuge = jemand, der erzählen kann, was er gesehen hat
umbringen = töten

Answer the questions in German based on the synopsis you just read.
1. Wie alt ist Thomas?
2. Warum glaubt niemand Thomas' Geschichte?
3. Kennen Sie die Geschichte von Äsop über den Jungen, der immer wieder "Wolf" geschrien hat?
4. Was ist ein Sträfling?
5. In wen verliebt sich die Mutter von Thomas?

Beispiel 3

Read the following, which is taken from a review of the film "A Chorus of Disapproval" that appeared recently in the *Berliner Morgenpost*.

"Alles nur Theater" von Michael Winner

Guy Jones (Jeremy Irons) wird durch einen Computerfehler von seiner Firma nach Scarborough versetzt, einem verschlafenen Badeort im Norden Yorkshires. Weil er dort außer einer Freundin seiner Mutter niemanden kennt, meldet er sich auf die Anzeige einer Amateur-Theatergruppe….Schnell bekommt der Neuling zu spüren, daß Klatsch, Feindschaften und Intrigen ihren festen Platz haben, bei den Proben und beim Bier im Pub….

   Michael Winners Kinoadaption von Alan Ayckburns Theaterstück "A Chorus of Disapproval" ist eine gelungene Satire…. Mit viel Liebe zum Detail inszenierte Michael Winner bereits 1989 den Film "Alles nur Theater", eine Komödie, die den Blick nicht nur hinter die Bühnenkulissen richtet.

Answer the following questions based on the synopsis you just read.
1. Was für ein Film ist "Alles nur Theater"?
2. Wer ist der Star des Films?
3. Warum arbeitet Guy Jones in Scarborough?
4. Warum meldet er sich auf die Anzeige der Amateur-Theatergruppe?
5. Woher hat Michael Winners die Geschichte für diesen Film?

Kapitel 12

Das Wohnen

Wortschatz

die komplett eingerichtete Küche

der Balkon mit offenem Blick aufs Meer

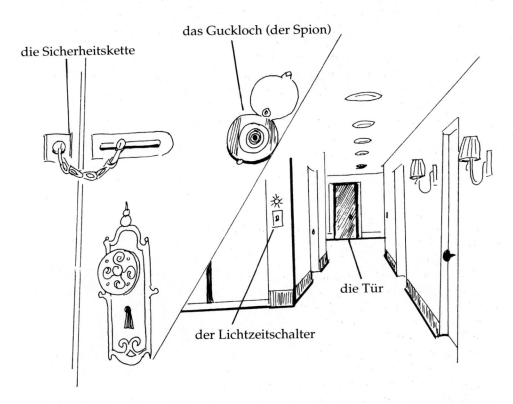

die Sicherheitskette

das Guckloch (der Spion)

der Lichtzeitschalter

die Tür

Read the following:

Wenn man in Deutschland eine Eigentumswohnung oder ein Haus kauft
oder auch mietet, bekommt man das Haus oder die Wohnung oft mit einer
leeren Küche. Wenn man "Einbauküche" in den Zeitungsannoncen liest,
heißt das, daß Herd, Spüle und Schränke eingebaut sind. Der Kühlschrank
ist in der Regel nicht dabei.

Ein Balkon ist immer ein Pluspunkt. Nett und gemütlich mit Pflanzen und
Blumen eingerichtet, hat man dann ein extra "Zimmer" im Freien. Balkons
auf den oberen Etagen haben oft einen offenen Blick, das heißt eine wunderschöne
Aussicht in die Ferne.

Einbrüche sind eine traurige Tatsache des modernen Lebens. Deswegen sind
Haustüren oft mit Sicherheitsketten und Gucklöchern ausgestattet. Die Haustüren
in großen Wohnblocks sind natürlich abgeschlossen. Um hineinzukommen, muß
man entweder einen Schlüssel haben oder bei den Freunden klingeln.

Weil Strom in Europa sehr teuer ist, haben viele Mehrfamilienhäuser Licht mit
Zeitschalter im Flur und Treppenhaus. Wenn man das Licht im Flur oder
Treppenhaus anschaltet, schaltet der Zeitschalter das Licht automatisch nach ein
oder zwei Minuten wieder aus.

Übung 1   Give the words that fit the definitions that follow.

1. das Loch in einer Tür, durch das man durchgucken und sehen kann, wer draußen steht, ohne selbst gesehen zu werden
2. der Knopf, den man drückt, um Licht für eine kurze Zeit im Flur oder im Treppenhaus anzuschalten
3. eine kurze Kette zwischen Tür und Türrahmen, durch die sich die Tür nur einen Spalt *(crack)* breit öffnen läßt
4. ein sehr schöner Ausblick
5. eine Küche mit Herd, Spüle und Schränken, die eingebaut sind

Read the following:

> **der Mietvertrag**   Vertrag zwischen Mieter und Vermieter in dem sich der Vermieter verpflichtet, dem Mieter ein Mietobjekt gegen Bezahlung für eine festgelegte Zeit zu überlassen
> **die Kaution**   die Geldsumme, die der Mieter dem Vermieter als Sicherheit gibt
> **die Nebenkosten**   Unkosten zusätzlich zur Miete, zum Beispiel Strom, Heizung, und so weiter

Übung 2   Complete the following mini-conversations.

1. —Wenn ich eine Wohnung mieten will, muß ich auch eine _____ bezahlen?
   —Natürlich! Ich glaube, daß eine _____ in Höhe von drei Mietszahlungen üblich ist.
   —Menschenskind! Ich weiß nicht ob ich genug _____ habe.

2. —Wie viel kostet diese unmöblierte Wohnung?
   —Zwölfhundert Mark pro Monat.
   —Sind Strom und Heizung inbegriffen?
   —Nein, _____ sind nicht eingeschlossen. Die Miete ist Kaltmiete, und den Strom muß man auch selbst bezahlen.

3. —Mein Gott ist es dunkel! Ich kann gar nichts sehen.
   —Drück auf den _____.
   —Den _____?
   —Ja. Der Knopf da. Das ist das Licht für das Treppenhaus.

4. —Du, die Aussicht ist fantastisch.
   —Meinst du?
   —Ja, der _____ ist wunderschön.

die Schlafstadt/Wohnstadt/Trabantenstadt/Satellitenstadt

das Hochhaus/der Wohnblock

der Betonblock

die Drehfalttür

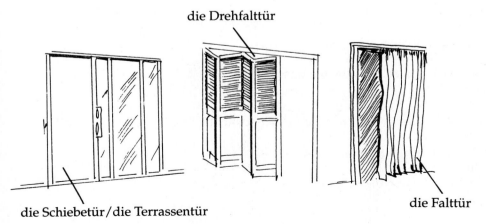

die Schiebetür/die Terrassentür

die Falttür

Übung 3   Read the following paragraph.

Viele Deutsche mögen die sogenannten Trabantenstädte nicht. Eine typische Satellitenstadt liegt am Rande einer Großstadt, hat viele Hochhäuser und keinen Stadtkern. Für viele Leute ist so eine Siedlung kalt und ungemütlich, weil ein Stadtzentrum mit Läden, Gaststätten, Kirchen und so weiter fehlt. Deswegen heißen solche Städte auch Schlafstädte.

Übung 4   Answer the following questions.

1. Mögen alle Deutsche die neuen Trabantenstädte?
2. Was sind andere Namen für Trabantenstädte?
3. Was findet man in diesen Wohnstädten?
4. Was findet man nicht?
5. Was kann man in diesen Städten tun?

AUS DEM ALLTAG

Beispiel 1

A German couple has come to the United States on a two-year assignment. They need some help. They want to rent an apartment and they do not know how to go about it.

1. Explain to them that they can either look at the "for rent" **(zu Vermieten)** section in the newspaper for announcements or they can go to a real estate agent **(der Immobilienmakler)**. When they find an apartment they like, they will have to sign a lease. They should be able to get a two-year lease without any problem. Explain to them that they will have to give a security deposit, which will be approximately two months rent. When they move out **(ausziehen)**, the security deposit will be returned to them if the apartment is in good condition.
2. The couple wants to know if they will have to pay rent monthly **(monatlich)** or quarterly **(vierteljährlich)**. Tell them that in the United States rent is usually paid monthly.
3. They want to know if the fees for maintenance are included in the rent. Tell them yes, that the fees for maintaining the building are included in the rent. However, they should ask the agent if heat and electricity are included. Explain to them that sometimes the heat, electricity, and gas **(Gas)** are included and sometimes not, so it is important that they ask.
4. They want to know if they return to Germany earlier than they expected if they will be allowed to sublet **(weitervermieten)** the apartment. Tell them that very often the landlord will not permit that.

EINBLICK INS LEBEN

Beispiel 1

Read the following real estate advertisements (**Immobilienanzeigen**).

Itzehoe, 2-ZW von Priv. zu verm.,
90 m², gr. Blk., Garage, Abstellplatz,
DM 970,- + NK 170,-. Mo.-Fr. 9–13
Uhr, Tel. 0 48 48/67 20.

GRÖMITZ
2 Eigentumswohnungen im Reihen-
hausstil, 2- u. 3-Zi.-Whg., Bad, Küche,
rd. 55 u. 65 m², am Golfpl. Grömitz
gelegen, Schwimmhalle, Tennishal-
le, Golfhalle usw. können benutzt
werden. DM 210 000,- u. DM 240 000,-.
REBA GmbH
Grömitz, Am Schoor 46
Tel. 0 45 62 / 39 92 02, abds. 53 74
Fax 0 45 62 / 39 92 45

Einfamilien-Doppelhäuser · Neubau-Vermietung
JENA
Sehr gute Lage, Wfl. ca. 135m² + Keller + Spitzboden + Garage +
Garten. Beziehbar im Nov. 1992, Malerwünsche können noch
berücksichtigt werden. Kaltmiete 3450,–DM, auf Wunsch 3 oder 5
Jahresmietverträge mit Vorkaufsrecht.
Dr. Strange, Theodor-Neubauer-Straße 18 0-6900 Jena
Telefon 0 36 41 / 5 29 69 oder 2 45 59

Note that real estate advertisements in German newspapers have many abbreviations. In
the advertisements that you just read, find the abbreviation for each of the following.
1. Wohnfläche
2. Golfplatz
3. 2-Zimmer-Wohnung
4. von Privat
5. zu vermieten
6. rund
7. Nebenkosten
8. groß
9. Montag bis Freitag
10. 3-Zimmer-Wohnung
11. Balkon
12. und so weiter

Beispiel 2

The following drawing and text appeared in the newspaper, *Berliner Morgenpost.*

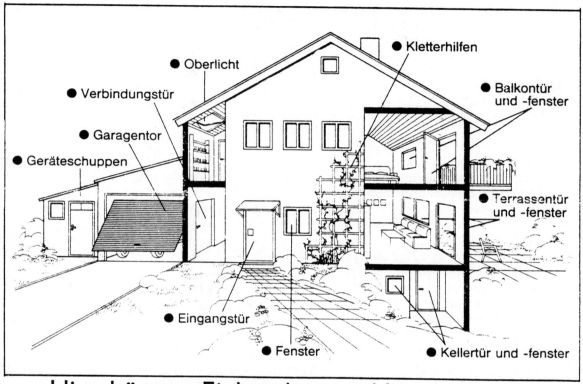

Kletterhilfen

Oberlicht

Verbindungstür

Balkontür und -fenster

Garagentor

Geräteschuppen

Terrassentür und -fenster

Eingangstür

Fenster

Kellertür und -fenster

Hier können Einbrecher ins Haus gelangen

Beim Verlassen des Hauses oder der Wohnumg sollte man folgende Stellen überprüfen: 1. Sind alle Türen verschlossen? Denken Sie an Eingangs-, Keller-, Terrassen-, Garagen- und Verbindungstüren. 2. Kontrollieren Sie alle Fenster, auch das Oberlicht. Ein gekipptes Fenster ist für Einbrecher so gut wie offen. 3. Bieten Sie Einbrechern keine Einstiegshilfen an. Werkzeuge und Leitern gehören in den abgeschlossenen Geräte- schuppen. Kletterhilfen für Pflanzen nicht in der Nähe von Fenstern anbringen. Grafik: Karlsruher Versicherungen

Based on the article that you just read, answer the following questions.

1. What is the subject of this article?
2. Where must the homeowner be especially careful?
3. What is an **Oberlicht?**
4. What is another term for **Haustür?**
5. What English word is related to **Keller?**

Kapitel 13

Die Arbeit

Wortschatz

Read the following:

Bauern arbeiten auf dem Lande.
Arbeiter arbeiten in der Industrie.
Handwerker arbeiten mit den Händen und mit einfachen Werkzeugen.
   Handwerker sind oft selbständig.
Die freien Berufe schließen Ärzte, Anwälte, Architekten usw. ein.
Die Direktoren und Eigentümer von Großunternehmen sind die
   industrielle Elite.
Kleine Geschäftsleute sind zum Beispiel die Besitzer von kleinen Läden,
   Boutiquen und anderen Geschäften.
Das mittlere Management schließt Geschäftsführer, Abteilungsleiter
   und Ingenieure ein.
Das administrative Personal eines Unternehmens sind gewöhnliche
   Angestellte.
Akademiker haben eine abgeschlossene Universitäts– oder Hochschulausbildung.

der Arbeitgeber = *employer*   der Arbeiter = *blue collar worker*
der Arbeitnehmer = *employee*   der Angestellte = *white collar worker*

Übung 1   To what group or groups would the following individuals belong?

1. die Sekretärin bei einem Rechtsanwaltsbüro in Köln
2. der Kleinbauer in Oberfranken
3. der Chefarzt in einem Krankenhaus in Berlin
4. der Rechtsanwalt, der einen Fall vor dem Bundesverfassungsgericht
   (Federal Constitutional Court) in Karlsruhe führt
5. die Professorin an der Universität in Tübingen
6. der Besitzer einer kleinen Boutique in Hamburg
7. der Direktor eines der größten Unternehmen in Deutschland
8. der Geschäftsführer bei einer mittleren Computersoftwarefirma in Mannheim
9. eine Empfangsdame in einem Hotel auf Sylt
10. ein Arbeiter in einer Fabrik in Ludwigshafen

Sozialversicherung

die Rente   *pension*
die Versicherung   *insurance*

die Krankenversicherung   Versicherung, die die Kosten einer
  Krankenbehandlung bezahlt
die Arbeitslosenversicherung   Versicherung der Arbeitnehmer
  für den Fall der Arbeitslosigkeit
Invalidenversicherung   Versicherung gegen Verlust des
  Einkommens durch Arbeitsunfähigkeit
Altersversicherung   Versicherung, die den Lebensunterhalt im
  Alter bezahlt
der Beitrag, Versicherungsbeitrag   die Geldsumme, die regelmäßig
  an die Versicherungsgesellschaft zu zahlen ist
abziehen   zurückbehalten, durch Subtraktion wegnehmen
  Die Beiträge für Arbeitslosen-, Invaliden-, Altersversicherung
  werden vom Gehalt abgezogen.
die Versicherungsleistung   das Geld, das von einer Versicherung
  bezahlt wird; kann in der Form von einer Altersrente, Krankengeld,
  Arbeitslosigkeitsunterstützung usw. sein
die Gewerkschaft   Organisation der Arbeitnehmer einer bestimmten
  Berufsgruppe zur Durchsetzung ihrer Interessen
die Lebensversicherung   Vertrag auf Auszahlung einer festen
  Geldsumme im Todesfall oder bei Erreichung eines bestimmten
  Alters gegen jährliche Zahlungen

Übung 2   Answer the following questions.

1. Gehören die meisten Arbeiter in den USA einer Gewerkschaft an?
2. Was halten Direktoren von Großunternehmen von Gewerkschaften? Sind sie in der
   Regel für oder gegen Gewerkschaften?
3. Besteht ein staatliches Sozialversicherungssytem in den USA?
4. Müssen Arbeitgeber in das System einzahlen?
5. Müssen die Arbeitnehmer auch Beiträge in das Sozialversicherungssystem einzahlen?
6. Werden die Arbeitnehmerbeiträge vom Gehalt abgezogen?

Übung 3   Identify the type of insurance being discussed.

1. Herr Köser kann nicht arbeiten, weil er in einem Autounfall schwerverletzt wurde.
   Obwohl er nicht arbeiten kann, bekommt er Geld.
2. Zwei Monate lang hat Frau Westfahl keine Arbeit. Während sie neue Arbeit sucht,
   bekommt sie Geld vom Staat.
3. Herr Ernst ist 65 Jahre alt und arbeitet nicht mehr. Er bekommt auch Geld vom Staat.

Übung 4   Answer personally.

1. Was sind Sie von Beruf? Wenn Sie noch nicht arbeiten, was wollen Sie später machen?
2. Würden Sie lieber bei einer großen Firma oder einer kleinen Firma arbeiten? Warum?
3. Oder würden Sie sich lieber selbständig machen?
4. Was halten Sie von Gewerkschaften? Warum?
5. Sind Sie versichert *(insured)?* Was für Versicherungen haben Sie?

AUS DEM ALLTAG

Beispiel 1

You are visiting a Swiss family in Zürich. They want to know something about the social
security system in the United States. Tell them what you know.

EINBLICK INS LEBEN

Beispiel 1

Read the following advertisement that recently appeared in the *Berliner Morgenpost.*

Based on the advertisement you just read, answer the following questions.
1. To whom is this advertisement directed?
2. What does it promise?
3. What should interested parties do?

Find the German equivalent for the following terms.
1. a secure, permanent position
2. a new beginning
3. unemployment
4. opportunity
5. capital (the city)
6. 45 and older

Beispiel 2

In Germany one can choose to be covered by private health insurance instead of the government insurance plan. Read the following excerpt from an advertisement describing insurance benefits under one of these private plans.

Bis zu 2.000 DM Ersparnis. Da lohnt es sich, genauer hinzusehen. Barmenia.

Die Barmenia Krankenversicherung bietet Ihnen viel Versicherung fürs Geld.

Zum Beispiel:
• Bis zu 80% Kostenerstattung beim Zahnersatz.
• Arzneimittel ohne Einschränkung auf bestimmte, preislich festgesetzte Medikamente.
• Brillen und Kontaktlinsen bis zu 100%.
• Kostenerstattung auch für Behandlung durch Heilpraktiker.

• im Krankenhaus Privatpatient im Zweibettzimmer.

Privat versichert, stark versichert.

Informieren Sie sich, ob auch Sie als freiwilliges Mitglied einer Krankenkasse mit der Barmenia Beiträge sparen können. Sie erhalten dann auch Vorschläge, wie Sie einen Teil dieser Ersparnis gewinnbringend bei der Barmenia für das Alter anlegen können.

Wie günstig eine Barmenia Krankenversicherung ist, können Sie auch in Vergleichen der Stiftung Warentest nachlesen. Die ersten 100 Einsender des Coupons erhalten je einen Rotring Trio-Pen.

Schreiben Sie noch heute an:
Barmenia Informationsdienst
Kronprinzenallee 12-18
5600 Wuppertal 1

Oder faxen Sie
Fax-Nr. 0202 / 4 38-21 86

Read the following explanations in German and then answer the questions below.

die Ersparnis = die Summe, die man spart
der Zahnersatz = der Ersatz für einen oder mehrere Zähne, eine Zahnprothese
Arzneimittel = Medikamente
einschränken = limitieren

1. Welche Leistungen bietet diese Krankenversicherung?
2. Bekommt man im Krankenhaus ein Einzelzimmer?
3. Welchen Prozentsatz *(percentage)* muß man selbst bezahlen, wenn man einen Zahnersatz bekommt?
4. Wie kann man Informationen über Barmenia bekommen?

Kapitel 14

Das Wetter

Wortschatz

der Sturm (das Gewitter)

der Nebel

der Niederschlag (z.B., der Nieselregen, der Sprühregen,
der Regenschauer, der Schneeregen, der Hagel)

Read the following:

der Platzregen   plötzlicher, sehr heftiger, in großen Tropfen fallender Regen
der Regenschauer   kurzer, plötzlich einsetzender Regen
der Hagelschauer   kurzes Fallen von Hagel
der Schneeregen   mit Schnee vermischter Regen
das Gewitter   mit Blitzen, Donner und Regen verbundener Sturm
der Nieselregen   leichter Regen in feinen Tröpfchen
der Sprühregen   Nieselregen
der Nebel   sehr feine Wassertröpfchen über dem Erdboden; Wolken am Erdboden
der Dunst   neblige Luft, getrübte Atmosphäre aber nicht so dicht wie Nebel
die Wolke   sichtbare Ansammlung von Wassertröpfchen in der Atmosphäre
sich aufheitern   klar und wolkenlos werden
               Der Himmel wird sich morgen aufheitern.
die Brise   ein leichter Wind
der Windstoß   plötzlich auftretende, starke Luftbewegung
die Bö   heftiger Windstoß
der Hurrikan, der Wirbelsturm   ein sehr heftiger Sturm
es regnet in Strömen   es regnet stark
es regnet Schusterjungen   es regnet stark
es regnet Bindfäden   es regnet stark

The more familiar you become with German prefixes and suffixes, the easier it will be for you to puzzle out new words belonging to the same word family. Study the group of words below and then compare them with their English meanings.

die Wolke	**wolkig**
bewölken → bewölkt	**wolkenlos**
die Bewölkung	**das Wolkenband**

die Wolke   the cloud
bewölken   to cloud over
bewölkt   clouded (i.e. cloudy)
die Bewölkung   clouding over
wolkig   cloudy
wolkenlos   cloudless
das Wolkenband   band of clouds

Übung 1   Match the following weather symbols with the terms.

1.   (a)   Schneefall

2.   (b)   sonnig

3.   (c)   wolkig

4.   (d)   Regen

5.   (e)   heiter bis wolkig

6.   (f)   bedeckt

Übung 2   Give another word for each of the following. If you do not know an exact equivalent, give a word that comes as close as possible to the term given below.

1. der Sprühregen
2. die Bö
3. das Gewitter
4. der Dunst
5. der Hurrikan

Übung 3   Answer the following questions.

1. Was ist der Unterschied zwischen einem Regenschauer und einem Gewitter?
2. Was ist der Unterschied zwischen Dunst und Nebel?
3. Was ist der Unterschied zwischen einer Brise und einer Bö?

Übung 4   Complete the following statements.

1. Es regnet sehr stark. Es regnet _____.
2. Wenn der Regen in feinen Tröpfchen fällt, nennt man ihn _____.
3. Ein Sturm mit Blitz und Donner heißt ein _____.
4. Im Monat _____ fällt oft Schneeregen.
5. Die Sonne scheint. Es ist _____.
6. Es gibt viele Wolken im Himmel. Es ist heute _____.
7. Man kann den blauen Himmel gar nicht sehen. Man sieht nur Wolken. Der Himmel ist _____.
8. Morgen scheint die Sonne; die Wolken werden verschwinden. Der Himmel wird sich _____.

AUS DEM ALLTAG

Beispiel 1

You are speaking with a young German-speaking friend who is coming to live in the United States as an exchange student this year. She tells you that she will be living in Seattle. She wants to have some idea of what the weather is like in that area. Describe the weather to her.

Beispiel 2

Listen to the weather forecast for today. Explain in German what the weather will be like today.

EINBLICK INS LEBEN

Beispiel 1

Read the following weather forecast in German.

> **Alpengebiet:** Heute sonnig und trocken. Morgen Übergang zu starker Bewölkung und zeitweise Regen. Höchsttemperaturen um 21, nachts 12 bis 9 Grad. Schwacher bis mäßiger Wind aus Südwest. Dienstag stark bewölkt und zum Teil gewittriger Regen. Höchstwerte um 22 Grad, nachts um 12 Grad. Mittwoch stellenweise Dunst oder Frühnebel, sonst von Westen zunehmende Aufheiterung bei 22 bis 26 Grad. Nachmittags schwacher Südwestwind, abends stellenweise Schauer.

Give the German version of each of the following expressions based on the weather forecast you just read.
  1. today sunny and dry
  2. occasional rain
  3. light to moderate wind from the southwest
  4. highs around 22 degrees
  5. in the evening scattered showers
  6. very cloudy

Beispiel 2

Read the following weather forecast from the German newspaper *Bild am Sonntag.*

Die kommende Woche bringt uns von jedem etwas: Mal gibt es Sonnenschein, mal gibt es Regen. Es bleibt aber weiterhin sehr warm. Montag und Dienstag werden bei wolkenlosem Himmel Temperaturen bis zu 34 Grad erwartet. Die schwüle Wärme sorgt besonders in den Abendstunden von Mittwoch und Donnerstag für einzelne Gewitter. Ein Tiefausläufer am Freitag bringt starke Bewölkung und einzelne Regenfälle. Aber am Wochenende heißt es dann wieder: Pack die Badehose ein; denn strahlender Sonnenschein und Höchsttemperaturen von bis zu 32 Grad werden erwartet.

Answer the following questions based on the forecast you just read.
1. Was für Temperaturen erwartet man diese Woche?
2. Was für Wetter kann man am Montag und Dienstag erwarten?
3. Wann wird es Gewitter geben?
4. Wie heiß wird es nächstes Wochenende?
5. Wozu braucht man eine Badehose?

Beispiel 3

Read the excerpts from the weather forecast for Sunday through Tuesday, which appeared in the *Welt am Sonntag*. After you have read it, tell your German-speaking companion with whom you are traveling what the weather will be like in Sweden, Austria and Switzerland and in Madeira and the Canary Islands.

Das Reisewetter von Sonntag bis Dienstag
SONNIG BIS WECHSELND BEWÖLKT

Schweden: Heiter bis wolkig, von Süden her aufkommende Bewölkung und etwas Regen. Am Dienstag wechselnde Bewölkung mit Schauern, örtlich mit Gewittern. Um 15 Grad im Norden und um 28 Grad im Süden. Am Montag 17 bis 23 Grad.
Österreich und Schweiz: Überwiegend sonnig, nachmittags und abends gebietsweise Bewölkung mit Wärmegewittern. 30 bis 35 Grad, in 2000 Metern Höhe 20 bis 23 Grad.
Madeira und Kanarische Inseln: Meist sonnig, und an den Nordküsten zeitweise wolkig. 22 bis 26 Grad. Wassertemperaturen: um 22 Grad.

Say each of the following in a different way based on the weather forecast you just read.
1. zum größten Teil sonnig
2. von Zeit zu Zeit bewölkter Himmel
3. lokalisierte Bewölkung
4. Bewölkung, Schauer und Aufheiterung und dann wieder Bewölkung und mehr Schauer
5. am Nachmittag und am Abend
6. Gewitter, die durch die Wärme entstehen.

Social Situations:
Saying the Right Thing

Kapitel 15

Das Bekanntmachen

Geläufige Redewendungen

Prior to introducing someone to another person, you may wish to find out if the individuals already know one another. If you are in an informal situation where you are using the informal **du** as the form of address, you could ask:

> **Heinz, kennst du Richard schon?**
> **Kennt Ihr euch schon?**

If the person responds **Nein,** you would continue to introduce the people by saying:

> **Darf ich bekannt machen?** or
> **Heinz, darf ich Richard vorstellen?**
> **Richard, dies ist mein guter Freund Heinz.**

However, if you are in a situation where you would be using the formal **Sie,** you would use the formal form of "you" to ask the question:

> **Herr Wunderlich, kennen Sie schon Frau Rahn?**

When you are introduced to someone, you often express pleasure at having met the individual:

Nett, Sie kennenzulernen.
Sehr angenehm.

Examples of somewhat more formal responses are:

Es freut mich sehr, (Sie kennenzulernen).
Es freut mich sehr, Ihre Bekanntschaft zu machen.

Übung 1   Do the following.

1. Ask Heidrun if she knows Michaela.
2. Heidrun says that she does not. Introduce them.

Übung 2   Carry out the following.

1. You have just been introduced to the president of a large company or organization. Express your pleasure.
2. You have just been introduced to a friend of your best friend. Express your pleasure at meeting her.
3. You have just been introduced to your friend's parents. Express your pleasure at meeting them.

Kapitel 16

Einladungen

Geläufige Redewendungen

If you wish to invite someone to do something or to go somewhere, you may ask the following questions to find out if the person would like or would be able to accept the invitation:

> **Sind Sie (Bist du) heute abend frei?**
> **Sind Sie (Bist du) heute abend verabredet?**
> **Haben Sie (Hast du) heute abend Zeit?**
> **Haben Sie (Hast du) Pläne für heute abend?**
> **Haben Sie (Hast du) Samstag abend (et)was vor?**
> **Was machen Sie (machst du) am Wochenende?**
> **Wenn Sie (du) Sonntag nichts vorhaben (-hast), könnten wir ins Kino gehen.**
> **Haben Sie (Hast du) Lust, nach Laboe zu fahren?**

Übung 1   Carry out the following.

1. Ask a friend if she has anything planned for Friday.
2. Ask a friend what she is doing tonight.
3. Ask a friend if he has plans for this evening.
4. Suggest that you and your friend go to the movies if he is not doing anything on Wednesday evening.

Übung 2   Carry out the following.

1. Sie wollen ins Kino gehen. Laden Sie jemanden ein.
2. Sie wollen heute abend nicht zu Hause bleiben. Fragen Sie eine Freundin, ob sie essen gehen will.
3. Sie wollen ins Theater gehen. Fragen Sie einen Freund, ob er mitgehen will.

When extending an invitation, use the verb **einladen** with discretion; in certain contexts the verb **einladen** indicates that you intend to pay.

> **Ich lade Sie auf einen Drink ein.**
> **Lassen wir ins Kino gehen. Ich lade Sie ein.**

The meaning conveyed here is "I invite you to have a drink with me (or go to the movies with me) and it will be my treat." If you prefer to merely propose or suggest something, you could ask:

> **Wollen Sie ein Bierchen trinken?**

If someone extends an invitation to you and you wish to accept the invitation, you can respond with one of the following expressions:

(Sehr) gerne.	**Ich nehme die Einladung gern an.**
Abgemacht!	**Das ist eine gute Idee.**
Mit Vergnügen.	**Warum nicht?**
Prima.	**Gute Idee.**
Das würde mir Freude machen.	**Toll.**

Übung 3   Respond favorably to the following invitations.

1. Willst du mit ins Kino?
2. Lass' uns ein Bierchen trinken.
3. Willst du tanzen gehen?
4. Ich lade dich heute abend zum Essen ein.
5. Wir gehen heute abend ins "Starpalast". Kommst du mit?

When answering the questions **Sind Sie heute abend frei?**, **Haben Sie heute abend etwas vor?** and similar questions, you must be careful. Once you have responded **Ja**, it is difficult to turn down the invitation. If you are not sure you want to accept the forthcoming invitation, you would respond with one of the following expressions to allow you the opportunity to stall:

> **Danke, aber ich weiß noch nicht.**
> **Ich glaube, ich habe etwas vor.**
> **   ich bin schon verabredet.**
> **   ich bin nicht frei.**

If you know the person well, you can be open and get more information before you give a definite response:

> **Das hängt davon ab. Was willst du denn machen?**
> **Vielleicht. Was hast du denn vor?**

Gespräch

ANNETTE	Karl, hast du heute abend was vor?
KARL	Nein, ich habe nichts vor.
ANNETTE	Willst du ins Kino?
KARL	Gute Idee. Welcher Film wird heute gezeigt?

Übung 4 Answer the questions based on the preceding conversation.

1. Was fragt Annette zuerst?
2. Hat Karl was vor?
3. Was will sie machen?
4. Will er mitgehen?

LOISL	Arnulf, was machst du Samstag abend?
ARNULF	Samstag? Nichts.
LOISL	Dann lade ich dich ins Grand Central Café ein.
ARNULF	Wunderbar! Ich nehme die Einladung gerne an.

Übung 5 Answer the questions based on the preceding conversation.

1. Was macht Arnulf am Samstag abend?
2. Wer lädt ihn ein?
3. Nimmt er Loisls Einladung an?

PHILIP	Karola, hast du Pläne für Donnerstag abend?
KAROLA	Donnerstag abend? Das weiß ich noch nicht.
PHILIP	Ich wollte dich in die Oper einladen.
KAROLA	Prima, aber ich glaube, daß ich meine Freundin Silke treffen soll. Ich muß sie anrufen.
PHILIP	Na gut. Nachdem du mit ihr gesprochen hast, ruf mich mal an.

Übung 6 Answer the questions based on the preceding conversation.

1. Hat Karola Pläne für Donnerstag abend?
2. Sie sagt, daß sie es noch nicht weiß. Warum?
3. Was wollte Philip machen?
4. Mit wem will Karola telefonieren?
5. Hat sie vor, Philip anzurufen?
6. Wann?

HANNELORE	Holger, wenn du für Samstag keine Pläne hast, willst du etwas unternehmen?
HOLGER	Das hängt davon ab. Was willst du machen?
HANNELORE	Wenn das Wetter schön ist, will ich ein Picknick am Strand machen.
HOLGER	Toll. Und wenn das Wetter schlecht ist?
HANNELORE	Wir können ins Kino gehen, wenn du willst.
HOLGER	Warum nicht. Der Film soll gut sein.

Übung 7   Answer the questions based on the preceding conversation.

1. Hat Holger Pläne für Samstag?
2. Bevor er die Einladung annimmt, was fragt er?
3. Was will Hannelore machen?
4. Und wenn das Wetter schlecht ist, was will sie dann machen?
5. Findet Holger Hannelores Ideen gut?

AUS DEM ALLTAG

Beispiel 1

A business associate whom you do not know well asks you if you are free this evening.
1. You know that you would definitely like to accept the forthcoming invitation. Answer the person.
2. You are not yet sure if you would like to accept the invitation that is coming. Give a response that will stall the person and give you the opportunity to make up your mind.

Beispiel 2

A good friend asks you if you are free on Saturday.
1. You know you are going to be free. Answer the person.
2. You are probably going to be free, but you want some more information before you commit yourself. You want to know what your friend is planning. Find out.

Beispiel 3

You are speaking with a friend and you would like to do something over the weekend.
1. Ask the person if he is free on Saturday.
2. Ask the person if he would like to go to a restaurant.
3. Let the person know that you intend to pay for the evening. Say something that would convey this message.

Kapitel 17
Eine Einladung ablehnen

Geläufige Redewendungen

If you wish to turn down an invitation in a polite way, you may respond to the invitation with one of the following expressions:

> **Das ist sehr nett von Ihnen, aber ich habe schon Pläne.**
> **Es tut mir sehr leid,**   **aber ich habe schon was vor.**
>   **aber ich bin schon verabredet.**
>   **aber ich kann nicht.**

If you know the person well and just want to give a blunt refusal, you can say:

> **Danke, aber ich habe keine Lust.**
> **Nein danke, ich mag die Oper nicht.**
> **Danke, aber ich habe den Film schon gesehen.**

Übung 1   Someone you prefer not to be with asks you the following questions. Respond.

1. Bist du heute abend frei?
2. Bist du für das Wochenende schon verabredet?
3. Willst du morgen abend etwas unternehmen?
4. Würdest du gerne etwas trinken?

Übung 2   Respond negatively.

1. Willst du heute abend ausgehen?
2. Willst du ins Kino?
3. Hast du Lust ins Theater zu gehen?
4. Hast du was vor?

Gespräch

LARS	Verena?
VERENA	Bitte.
LARS	Willst du heute abend *auswärts essen?* *eat out*
VERENA	Das ist sehr nett von dir, Lars, aber leider kann ich nicht.
LARS	Du hast Pläne?
VERENA	Ja. Ich habe sehr viel zu tun.
LARS	Schade. Vielleicht ein anderes Mal. Ich rufe dich nächste Woche an.
VERENA	In Ordnung. Und Lars, recht schönen Dank.

Übung 3   Correct the false statements based on the preceding conversation.

1. Verena hat heute abend keine Pläne.
2. Sie nimmt Lars' Einladung gerne an.
3. Sie geht mit Lars ins Restaurant.
4. Verena hat nichts zu tun.
5. Lars ist wütend *(angry)* und er ruft Verena nie wieder an.

AUS DEM ALLTAG

Beispiel 1

Someone has just invited you to go to a function Saturday evening. You really do not want to go. Turn down the invitation tactfully. Explain to the person that you are really sorry but you cannot go. You are not free that evening; you have a previous engagement.

Kapitel 18

Sich bedanken

Geläufige Redewendungen

When you wish to thank someone for having done something, you can use one of the following expressions:

Danke.	**Vielen Dank.**
Danke sehr.	**Herzlichen Dank.**
Danke schön.	**Danke vielmals.**
Recht schönen Dank.	**Ich danke Ihnen vielmals.**

When you wish to tell someone how nice it is or was of her or him to have done something, you would say:

Das ist sehr nett von Ihnen (dir).
Das ist sehr freundlich von Ihnen (dir).
Das ist sehr liebenswürdig von Ihnen (dir).
Vielen Dank für Ihre (deine) freundliche Hilfe.

Übung 1   Do the following.

1. Say "Thank you" to someone.
2. Tell them how nice it was of them.
3. Thank them very much.

If someone extends thanks to you, you may respond politely with one of the following expressions:

Gern geschehen.
Keine Ursache.
Nichts zu danken.
Ganz im Gegenteil; wir haben Ihnen zu danken.

Übung 2   Respond to the following.

1. Danke, Paul. Das war sehr liebenswürdig von dir.
2. Das war sehr nett von Ihnen.
3. Danke vielmals, Sabine.
4. Ich danke Ihnen sehr, Herr Zimmermann.

Kapitel 19

Was wir mögen

Geläufige Redewendungen

In German, as in English, there are several expressions to convey the idea *to like*.

Ich mag klassische Musik.
Mein Bruder mag Rockmusik.
Ich spiele gern Tennis.
Mein Bruder spielt gern *Schach*.   *chess*
Ich mag das schwarze Kleid.
Das schwarze Kleid gefällt mir.
Es gefällt mir sehr.
Das schwarze Kleid gefällt meiner (meinem)
    Schwester (Bruder).
Ich mag Schokolade.
Ich esse Schokolade gern.

Übung 1   Complete the following mini-conversations.

1. —Ich mag keine Hunde.
   —Hast du Katzen gern?
   —O ja. Ich _____ Katzen.

2. —Magst du Schokolade?
   —Ja, ich _____ Schokolade sehr _____. Aber ich will keine essen, weil
   ich nicht dick werden will.

3. —Mögen Sie Country and Western Musik?
   —Ja, sie _____ mir sehr.

Übung 2   Answer the following questions.

1. Nennen Sie drei Dinge, die Sie mögen.
2. Nennen Sie die Namen von drei Personen, die sie gern haben.
3. Nennen Sie drei Farben, die Ihnen gefallen.

There are several ways of expressing various kinds of positive feelings for another person.

Er *hat* Bärbel *gern.*	*likes*
Er *hat* Bärbel *sehr gern.*	*likes very much*
Er *liebt* Bärbel.	*loves*
Er *ist in* Bärbel *verliebt.*	*is in love with*

Übung 3   Give the German equivalent for each of the following.

1. Robert loves his mother.
2. Robert is in love with Louise.
3. Robert likes Thomas.
4. Robert likes Bernd very much.

There are many adjectives you can use in German to describe things that you really like.
Some are:

wunderbar	**großartig**
wunderschön	**riesig**
herrlich	**ausgezeichnet**
prächtig	**phantastisch**

Some less formal and slang expressions that are very frequently used include:

super	**toll**
spitze	**prima**
saugut	**klasse**
sagenhaft	**fabelhaft**

Übung 4 Recreate the following conversation, substituting five different expressions for **sehr gut.**

—Hast du den Film gesehen?
—Ja, ich mochte ihn sehr.
—Ich auch. Er hat mir sehr gefallen. Ich fand ihn sehr gut.

The following are expressions you will frequently hear people use to express what they like or are really crazy about:

Ich bin Sportnarr.
Ich bin Jazzfanatiker.
Ich begeistere mich für Tennis (Beethovens Musik, Michael Jackson).
Ich bin ganz entzückt von ihrer Musik.

Note that **verrückt** is a word that can be used to mean "crazy about" someone or something as well as to mean "crazy" in a variety of different senses or even "insane."

Er ist verrückt.	*He's insane.*
Sie zieht sich ganz verrückt an.	*She dresses in a very original fashion.*
Der Lärm macht mich verrückt.	*The noise is driving me crazy.*
Sie ist ganz verrückt nach ihm.	*She is crazy about him.*
Es hat die ganze Nacht wie verrückt geregnet.	*It rained like crazy all night.*

Übung 5 Complete each of the following.

1. Mein Nachbar spielt spät abends Saxophon. Seine Musik macht mich _____ .
2. Heino liebt Alexandra. Er ist ganz _____ nach ihr.
3. Die Party war wild. Die Gäste tanzten wie _____.

Kapitel 20

Was wir nicht mögen

Geläufige Redewendungen

If you wish to say that you do not like something, you can use the following expressions:

Ich habe den jungen Mann nicht gern.
Ich mag den jungen Mann nicht.
Der junge Mann gefällt mir gar nicht.
Ich kann ihn nicht leiden.
Ich kann ihn nicht ausstehen.
Er widert mich an.
Ich hasse ihn.

Informal expressions you can use to say you do not like something are:

Ich habe ihn satt.	*I'm fed up with him.*
Er hängt mir zum Halse heraus.	*I'm fed up with him.*
Er fällt mir auf den Wecker.	*He gets on my nerves.*

Übung 1   Tell five things you do not like.

Some adjectives you may use to describe something you do not like because you think it is unpleasant, awful, or disgusting are:

unangenehm	entsetzlich
unerfreulich	grauenhaft
schrecklich	gräßlich
furchtbar	widerlich
fürchterlich	ekelhaft

Übung 2   Respond with either **Ich mag ihn/sie/es** or **Ich mag ihn/sie/es nicht.**

1. Diese Schallplatte *(record)* is furchtbar.
2. Diese Musik ist phantastisch.
3. Seine Stimme *(voice)* ist fürchterlich.
4. Ich finde den Mann charmant.
5. Dieser Lärm ist sehr unangenehm.
6. Die Blumen sind wunderschön.
7. Diese Mahlzeit *(meal)* ist lecker.
8. Das Mädchen ist entzückend.
9. Das Essen ist ekelhaft.
10. Das Wetter ist herrlich.

Expressions you can use to describe something you do not like because it does not interest you or because you find it boring are:

Es interessiert mich nicht.	**Der Film ist langweilig.**
Ich interessiere mich nicht für Kunst.	**Das Buch ist stinklangweilig.**
Es ist mir egal.	**Es langweilt mich.**
Es ist mir Wurst.	

Übung 3   Complete the following mini-conversations.

1. —Ich mag Geschichte nicht.
   —Die Vergangenheit *(past)* interessiert dich nicht?
   —Nein. Ich finde sie _____.

2. —Heinz ist ein Tennisnarr.
   —Ja, er ist von dem Sport _____.

A commonly used, informal expression that describes anything mildly unpleasant, dull, or lacking in interest is:

Das ist ja doof.
Das ist ja blöd.

A slang expression that means that you cannot stand someone is:

Ich kann den Kerl nicht riechen.

Übung 4   Answer the following questions.

1. Warum kannst du Achim nicht riechen?
2. Warum fällt er dir auf den Wecker?
3. Findest du, daß er sich doof benimmt *(behaves)?*
4. Findest du ihn widerlich?

Übung 5   Express the following more informally.

1. Seine blöden Witze gehen mir auf die Nerven.
2. Ich hasse diese Musik.
3. Ich finde den Mann nicht nett.
4. Seine Stimme ist gräßlich, und er hat den ganzen Abend gesungen. Ich habe
   genug davon.

Although the verb **irritieren** in German looks very similar to the English verb "to irritate" and does in some contexts mean "to vex" or "to irritate," it can also mean "to confuse," "to distract," or "to disturb."

Das laute Gespräch zwischen den zwei Damen in der ersten Reihe hat die Schauspielerin irritiert und sie hat ihren Text vergessen.	*The loud conversation between the two women in the front row distracted the actress and she forgot her lines.*
Sie starrte die Damen irritiert an.	*She looked at the women in confusion.*
Das Bellen des Hundes irritierte, mich bei der Arbeit.	*The barking of the dog disturbed me at my work.*
Er war über das Verhalten seiner Tochter irritiert.	*He was annoyed by his daughter's behavior.*

Übung 6   What is the English equivalent for **irritieren** in each of the following sentences?

1. Der ständige Lärm seiner Nachbarn hat ihn sehr irritiert.
2. Er wollte an seinem Buch arbeiten, aber das Geschrei der spielenden Kinder im nächsten Zimmer hat ihn irritiert.
3. Sie war tief in Gedanken versunken. Als der Schaffner sie ansprach, starrte sie ihn irritiert an.

When something bothers, annoys, or angers you, you can use the expressions below. The degree of annoyance or anger is indicated by the illustrations:

Er ist verdrossen.   **Er ist wütend.**   **Er ist empört.**
Er ist verärgert.   **Er ist zornig.**   **Er ist rasend.**
                                                          Er ist rabiat.

Er ist mißmutig,
Er ist verdrossen,
Er ist wütend,   **daß sie ihn angelogen hat**
Er ist zornig,   **(daß sie ihm die Wahrheit nicht**
Er ist empört,   **erzählt hat).**
Er ist rabiat,

Übung 7   Complete the following statements.

1. Ich bin verärgert, weil _____.
2. Ich war sehr wütend, daß sie _____.
3. Ich werde rabiat, wenn _____.
4. Ich bin empört über _____.

Übung 8   Complete the following statements.

1. Ich kenn meinen Bruder. Er ist bestimmt wütend, wenn ich _____.
2. Meine Eltern werden rabiat, daß ich _____.
3. Es ärgert mich, wenn meine Freunde _____.

Übung 9   Answer personally.

1. Werden Ihre Freunde gelegentlich (occasionally) wütend?
2. Was macht sie zornig?
3. Wenn Sie verärgert sind, können Sie mit Ihren Freunden darüber reden?
4. Irritieren Sie Ihre Eltern gelegentlich?
5. Wie?

The following are some informal expressions you will hear people use to express displeasure, annoyance, or anger.

Er wiederholt immer dieselben Geschichten. Er ist stinklangweilig!
Es ist zum kotzen.
Er geht mir auf den Wecker.
Zehnmal dieselbe Geschichte! Hör' auf. Ich hab' es satt!
Ich hab' die Nase voll.
Mir reißt die Geduld.
Das hat mich auf die Palme gebracht.
Ich war fuchsteufelswild.

Übung 10   Restate each of the following in a less formal way.

1. Das hat mich sehr wütend gemacht.
2. Ich finde das nicht gut.
3. Ich war sehr, sehr zornig.
4. Seine Geschichten sind sehr langweilig.

Kapitel 21

Übereinstimmung

Geläufige Redewendungen

The following are expressions that can be used to indicate that you are in agreement with someone:

> **Ich bin derselben Meinung.**
> **Ich bin ganz deiner Meinung.**
> **Ich stimme vollkommen überein/zu.**
> **Wir sind uns darüber einig.**

If an idea or suggestion suits you, you may say:

> **Also gut. Das paßt mir.**

More informal expressions to convey your agreement are:

> **OK.**
> **Abgemacht.**
> **Einverstanden.**

Übung 1   Agree with the following statements.

1. Die Übervölkerung des Landes wird ein immer größeres Problem.
2. Umweltverschmutzung ist ein internationales Problem.
3. Die Wirtschaftsprobleme in den Entwicklungsländern *(developing countries)* sind nicht zu bewältigen *(surmount)*.
4. Die Rolle der Frau in der modernen Welt ändert sich sehr.
5. Es ist besser in einem gemäßigten *(temperate)* Klima zu leben.
6. Atomkraftwerke *(nuclear power plants)* sind problemlos.
7. Junge Leute sollen mit 15 den Führerschein erwerben können.
8. Man muß mehr für Asylanten und Einwanderer in der Bundesrepublik tun.

When a person makes a statement with which you wish to agree, you can give one of the following responses:

Ja.	**Genau.**
Klar.	**Gerade.**
Gewiß.	**Richtig.**
Durchaus.	**Freilich.**
Ohne Zweifel.	**Natürlich.**
Sicher.	**Selbstverständlich.**
Bestimmt.	

If you wish to agree, but not wholeheartedly, you could use one of the following expressions:

Vielleicht.	**Anscheinend.**
Möglich.	**Wahrscheinlich.**
Möglicherweise.	**Es sieht so aus.**
Es kann sein.	**Es könnte sein.**
Wenn du willst (Sie wollen).	**Wie du meinst.**
Glaubst du?	**Ja, aber...**

Übung 2   Indicate your weak or possible agreement to the following statements.

1. Ich glaube, er wird Millionär.
2. Sie heiraten bestimmt.
3. Der Dollar wird wieder stärker werden.
4. Ihre Rente ist nicht hoch genug.
5. Die SPD wird den nächsten Wahlkampf *(election)* in Deutschland gewinnen.
6. Unser Erziehungssystem *(educational system)* ist das beste der Welt.

Kapitel 22

Uneinigkeit

Geläufige Redewendungen

In order to express your disapproval of a statement, you can use one of the following expressions:

Ich bin anderer Meinung.
Ich bin nicht einverstanden.
Ich bin nicht überzeugt.
Das sehe ich ganz anders.

More informal ways of expressing disagreement are:

Ich bin nicht dafür.	**Ich bin dagegen.**
Ich mache nicht mit.	**Das ist doch nicht dein Ernst.**
Das ist verrückt.	**Das ist ja wahnsinnig.**
Das ist ja dumm.	**Das ist bescheuert.**

Übung 1   Express your disagreement with each of the following statements.

1. Der jetzige Präsident ist der beste in der Geschichte unseres Landes.
2. Ich werde die Hälfte meines Gehalts sparen.
3. Man soll eine Autobahn mitten durch New York City bauen.
4. Nächstes Jahr werden wir auch Samstags in die Schule gehen.
5. Sie verkauft ihr Haus und zieht nach Europa.
6. Er wird alleine in einem kleinen Motorsegler rund um die Welt fahren.

When someone makes a statement and you want to disagree with it completely, you can use one of the following expressions:

Absolut nicht!
(Das ist ja) lächerlich.
Das kommt überhaupt nicht in Frage.
(Das ist) Unsinn.
Unter keinen Umständen.
Unmöglich.

Übung 2   Express your disagreement with the following statements.

1. Kinder lernen besser wenn sie auch Samstags in die Schule gehen.
2. Die Sommerferien *(summer vacation)* werden aufgehoben *(abolished)*.
3. Noten werden abgeschafft *(eliminated)*.
4. Der nächste Präsident wird das staatliche Sozialversicherungssystem in den USA neu gestalten *(reorganize)*.
5. Er wird die Steuern *(taxes)* nicht erhöhen.

Kapitel 23

Glückwünsche

Geläufige Redewendungen

Expressions you may wish to use to congratulate someone are:

Ich gratuliere!
Meine herzlichen Glückwünsche!

These general expressions can of course of tailored to specific occasions, for example:

Ich gratuliere
Herzliche Glückwünsche

zum Geburtstag!
zum Hochzeitstag!
zum bestandenen Examen!
zum neuen Jahr!
zur Hochzeit
zur Verlobung
zur bestandenen Prüfung!

After some very special news, such as an engagement or marriage, you might say:

Alles Gute!

After hearing that someone has obtained a new position or a promotion, you might wish them success in their new job:

Viel Erfolg bei der neuen Stellung.

Übung 1   Say something to the person who gives you the following information.

1. Ich heirate *(am getting married)* im Juni.
2. Ich habe mich verlobt *(got engaged)*.
3. Ich habe eine Eins in Deutsch bekommen.
4. Ich habe eine Stellung bei der Bundesbank bekommen.

Gespräch

MARIANNE   Wir werden uns im Mai verloben.
KAI-UWE   Tatsächlich! Das ist ja wunderbar. Meine
                  Glückwünsche an euch beide.

WOLF   Ich habe die Stellung bei der Bundesbank
                bekommen.
SÖNKE   Ich gratuliere zur neuen Stellung. Ich
                wünsche dir viel Erfolg.

Übung 2   Do the following.

1. Congratulate a friend on her recent marriage and wish her much happiness.
2. Congratulate a friend on his new job and wish him much success.

Kapitel 24

Ihre Meinung

Geläufige Redewendungen

If you wish to express your opinion about something, you may use one of the following expressions to introduce your statement of opinion:

Ich glaube, daß die Mannschaft aus Köln gewinnen wird.
Ich denke, daß _____.
Ich meine, daß _____.
Ich bin der Meinung, daß _____.
Es scheint mir, daß _____.
Es liegt klar auf der Hand, daß _____.
Ich habe den Eindruck, daß _____.

Übung 1 Restate each of the following to make it clear that the statement is your opinion.

1. Es wird morgen regnen.
2. Borussia Dortmund wird die Weltmeisterschaft gewinnen.
3. Er wird den Sommer an der Riviera verbringen.
4. Er studiert nächstes Jahr in Deutschland.
5. Sie wird das Haus in Berlin kaufen.
6. Sie wird ihr Studium nie zu Ende machen.
7. Hugo ist in Marta verliebt.
8. Der Film wird in München uraufgeführt.

If you wish to ask someone's opinion about something, you can ask one of the following questions:

Glauben Sie, daß _____?
Was halten Sie von _____?
Was ist Ihre Meinung über _____?

NOTE   See also the chapters on agreeing and disagreeing.

Übung 2   Make up your own opinion about the following topics. Then ask a friend what she or he thinks about the same topic.

1. das Wetter
2. die Politik
3. der zweite Weltkrieg
4. die Zukunft
5. Asylanten in Deutschland

Gespräch

GEORG	Ich glaube, daß *Borussia Dortmund* die *Bundesliga-Meisterschaft* gewinnen wird. Was meinst du, Max?	*name of a German soccer team* *national league championship*
MAX	Ich weiß nicht. Meiner Meinung nach hat *Eintracht Frankfurt* eine Chance auf den ersten Platz zu kommen.	*name of a German soccer team*
GEORG	Möglich, aber es scheint mir, daß Borussia Dortmund die besseren Spieler hat.	
MAX	Ich habe den Eindruck, daß du großer Fan von Borussia Dortmund bist.	
GEORG	Und woher hast du den Eindruck, mein Lieber?	

Übung 3   In your own words, relate the opinions expressed in the preceding conversation.

Kapitel 25

Vorschläge machen

Geläufige Redewendungen

If you wish to suggest something to someone, you can say:

Ich schlage vor, daß wir heute abend ins Theater gehen.

If you want to suggest in the sense of giving advice, you would say:

Ich rate dir, die Sache mit deinem Anwalt (*lawyer*) zu besprechen.

Übung 1 Respond to the following questions and statements.

1. Was schlägst du vor? Das Essen vor oder nach der Theatervorstellung?
2. Was schlägst du vor? Den Museumsbesuch vor oder nach dem Mittagessen?
3. Der Kellner schlägt das Gedeck vor.
4. Er schlägt auch einen Wein vor.
5. Deine Mutter rät dir, mit dem Rauchen nicht anzufangen.
6. Deine Eltern raten dir, den Schulabschluß zu machen.

The following expressions can be used to offer veiled advice, that is, to make your suggestion less directive:

Wie wäre es, wenn wir heute abend ins Theater gehen würden?
Was hältst du davon, heute abend ins Theater zu gehen?
Warum gehen wir heute abend nicht ins Theater?

Übung 2 Complete the following mini-conversations.

1. —Das Wetter ist schlecht. Ich will nicht Auto fahren.
   —Wie _____ _____, wenn du den Zug nehmen würdest?

2. —Ich zu müde, Abendessen zu machen.
   —Warum _____ _____ _____ ins Restaurant?
   —Ich weiß nicht.
   —Was_____ _____ von MacDonalds? Wir können etwas mitnehmen.

3. —Ich muß mit Hans-Heinrich sprechen.
   —Ich _____ _____, daß du ihn anrufst.

4. —Ich bin so deprimiert.

—Ich _____ _____, daß wir einen langen Spaziergang im Sonnenschein machen.

5. —Das Wetter ist wunderschon. Es ist warm, und die Sonne scheint. Was sollen wir jetzt machen?

—_____ machen wir nicht ein Picknick am Strand?

Kapitel 26

Auf etwas bestehen

Geläufige Redewendungen

When you wish to insist that something is the case, you can say:

Ich sage dir, daß die Geschichte wahr ist.
Ich versichere Ihnen, daß die Geschichte wahr ist.
Ich bin überzeugt, daß die Geschichte wahr ist.
Ich beharre darauf, die Geschichte ist wahr.

Übung 1 Complete the following mini-conversations, letting the person know that you insist that what you said is correct.

1. —Die Gäste werden verspätet hier ankommen.
   —Meinst du?
   —_____.

2. —Die neue Regierung wird alles ändern.
   —Glaubst du?
   —_____.

3. —Er hat nicht die Wahrheit erzählt.
   —Das ist nicht dein Ernst!

   —_____.

4. —Nächsten Monat wird die Bundesbank den Zinssatz erhöhen.
   —Denkst du?
   —Doch, _____.

5. —Er wird der nächste Direktor des Unternehmens.
   —Unsinn!

   —_____.

To insist that someone do something, you can say:

Ich bestehe darauf, daß du mir die Wahrheit erzählst.
Ich verlange, daß du mir die ganze Geschichte erzählst.

Two expressions that are not as strong as **darauf bestehen** are **bitten** and **ersuchen:**

Ich bitte Sie, die Tür zuzumachen.
Ich ersuche Sie, mir eine Antwort zu geben.

Übung 2   Answer the following questions.

1. Wer verlangt, daß man nicht zu Hause raucht?
2. Wer verlangt, daß die Kinder ihr Spielzeug (*toys*) aufräumen?
3. Wer verlangt, daß die Schüler ihre Hausaufgaben machen?
4. Wer verlangt, daß wir sofort nach Hause fahren?

Übung 3   Complete the following statement with five things that you insist that your friends do.

Ich verlange, daß _____.

Übung 4   Redo your statements in Übung 3, softening your insistence.

Appendix

Following is a listing, arranged alphabetically by topic, for all vocabulary presented in the Communicative Topics in the book. This list also includes the vocabulary presented in the other books in this series.

Das Telefonieren (Kapitel 1)

(to) *answer*   antworten
answering machine   der Anrufbeantworter
area code   die Vorwählnummer/Vorwahl
bad connection   die schlechte Verbindung
busy   besetzt
busy signal   das Besetztzeichen/der Besetztton
button   der Knopf
charge   die Gebühr
(to) *call back*   zurückrufen
(to) *call on the telephone*   telefonieren
coin return button   der Geldrückgabeknopf
collect call   das R-Gespräch (R = Rückfrage)
cordless telephone   das schnurlose Telefon
country code   die Landeskennzahl
credit card call   der Kreditkartenanruf
(to) *cut off/disconnect*   unterbrechen
(to) *deduct (subtract)*   abziehen
(to) *deposit (the coin)*   (die Münze) einwerfen
dial (on a telephone)   die Wählscheibe
(to) *dial (the telephone number)*   (die Telefonnummer) wählen
dial tone   das Amtszeichen/Freizeichen/der Wählton
(to) *dial a wrong number*   falsch wählen/sich verwählen
(to) *direct dial*   durchwählen
finished   fertig
goodbye (over telephone)   auf Wiederhören
(to) *hang up*   auflegen
international call   das Auslandsgespräch
just a moment   Augenblick
(to) *leave a message*   eine Nachricht hinterlassen
local call   das Ortsgespräch
long-distance call   das Ferngespräch
(to) *make a telephone call*   (mit jemandem) telefonieren/(jemanden) anrufen
money   das Geld
operator   die Vermittlung
(to) *order*   bestellen

out of order   auß er Betrieb/gestört
pay phone /public telephone   der öffentliche Fernsprecher/Münzfernsprecher
person-to-person call   das Personengespräch
(to)   *pick up the receiver*   den Hörer abnehmen
(to)   *press the button*   den Knopf drücken
receiver   der Hörer
(to)   *reach someone*   jemanden erreichen
residential telephone   der Privatanschluß
(to)   *ring*   klingeln
slot (for coins)   der Münzeinwurf
slot (for credit/calling card)   der Schlitz
so long (informal)   Tschüß
speaker phone   das Lautsprechertelefon
(to)   *stay on the line*   am Apparat bleiben
telegram   das Telegramm
telephone (apparatus)   das Telefon/der Fernsprecher
telephone book (directory)   das Telefonbuch
telephone booth   die Telefonzelle
telephone call   der Telefonanruf/das Telefongespräch
telephone calling card   die Telefonkarte
telephone card   die Telefonkarte
telephone company (in Germany)   die Bundespost
telephone number   die Telefonnummer
(to)   *telephone someone*   mit jemandem telefonieren/jemanden anrufen
touch-tone telephone   das Tastentelefon/Telefon mit Tastatur
town   der Ort
type of telephone) call   die Anrufmöglichkeit
until later (informal)   bis später/bis dann
(to)   *wait for the dial tone*   auf das Amtszeichen warten

Auf der Bank (Kapitel 2)

account   das Konto
balance   der Saldo
bank   die Bank
bank statement   der Kontoauszug
bankbook /passbook   das Sparbuch/Sparkassenbuch
big bills   große Scheine
bill (bank note)   die Banknote/der Geldschein
bill (invoice)   die Rechnung
(to)   *buy on credit*   auf Kredit kaufen
(to)   *buy in installments*   auf Raten kaufen
cash   das Bargeld
(to)   *cash*   einlösen
cash transaction   das Bargeschäft

cashier's window (counter)   die Kasse
change (coins and small bills)   das Kleingeld
(to) *change dollars into marks*   Dollar in Mark umwechseln/wechseln
(to) *change money*   Geld wechseln
check   der Scheck/Bankscheck
checkbook   das Scheckbuch
checking account   das Scheckkonto
coin   die Münze
credit card   die Kreditkarte
currency exchange bureau   die Wechselstube
customer   der Kunde, die Kundin
(to) *deposit (in)*   einzahlen/deponieren (auf)
down payment   die Anzahlung
due   fällig
effective annual interest rate   der effektive Jahreszins
employee   der Angestellte, die Angestellte
(to) *endorse*   (einen Scheck) indossieren
exchange rate   der Wechselkurs
installment   die Rate
interest rate   der Zinssatz
loan application   der Darlehensantrag
mortgage bank   die Hypothekenbank
monthly   monatlich/jeden Monat
(to) *open*   eröffnen
partial payment   die Teilzahlung
passport   der Paß/der Reisepaß
(to) *pay*   bezahlen
(to) *pay cash*   bar bezahlen
(to) *pay in installments*   in Raten bezahlen
(to) *pay off*   abzahlen
postal check   der Postscheck
quarterly   vierteljährlich/alle drei Monate
(to) *save*   sparen
savings account   das Sparkonto
savings bank   die Sparkasse
(to) *sign*   unterschreiben/unterzeichnen
(to) *take out a loan*   ein Darlehen aufnehmen
(to) *take out a mortgage*   eine Hypothek aufnehmen
term of loan   die Laufzeit
(to) *transfer (to/from)*   überweisen (auf/von)
traveler's check   der Reisescheck
used car   der Gebrauchtwagen
weekly   wöchentlich/jede Woche
(to) *withdraw (from)*   abheben (von)

Die Flugreise (Kapitel 3)

abroad   (ins) Ausland
agent (ticket)   der Ticketagent
air pressure   der Luftdruck
airline   die Fluglinie
airline clerk (employee)   der/die Fluglinieangestellte
airplane   das Flugzeug
airplane ticket   die Flugkarte
airplane ticket counter   der Flugkartenschalter
airport   der Flughafen
aisle (on the aisle)   der Gang (am Gang)
(to)   *allow /permit*   erlauben
announcement (radio or loudspeaker)   die Durchsage
(to)   *arrive*   ankommen
arrow   der Pfeil
baggage /luggage   das Gepäck/Reisegepäck
baggage carousel   das Gepäckband
baggage claim   die Gepäckabholung
baggage claim check   der Kontrollabschnitt
baggage compartment   das Gepäckfach
baggage identification tag   der Gepäckanhänger/das Anhängeschild
blanket   die Decke
(to)   *board*   einsteigen/an Bord gehen
boarding pass   die Bordkarte
briefcase   die Aktentasche
cabin crew   das Kabinenpersonal
cancelled   gestrichen
carry-on baggage   das Handgepäck
certainly   bestimmt
(to)   *check (in) baggage*   Gepäck aufgeben
citizen   der Staatsbürger/die Staatsbürgerin
(to)   *claim baggage*   Gepäck abholen
class   die Klasse
counter   der Flugkartenschalter
country   das Land
crew   die Besatzung
customs   der Zoll
customs clearance   die Zollabfertigung
customs declaration form   die Zollerklärung
delay   die Verspätung
(to)   *depart*   abfliegen
departure   der Abflug
departure screen/monitor   die Abfluganzeigetafel

destination   das Flugziel/der Zielort
(to) *disembark*   aussteigen
domestic   inländisch
domestic flight   der Inlandsflug
drink   das Getränk
drop in air pressure   der Luftdruckabfall
emergency exit   der Notausgang
flight   der Flug
flight attendant   der Flugbegleiter, die Flugbegleiterin
flight number   die Flugnummer
(to) *fly*   fliegen
(to) *fly to*   anfliegen
folding tray   der Klapptisch
(to) *follow the arrow*   dem Pfeil folgen
(to) *force*   zwingen
foreign   ausländisch
foreign countries   das Ausland
fully occupied   voll besetzt
gate   der Flugsteig
headset   der Kopfhörer
home country   das Inland
in spite of   trotz
irritating   ärgerlich
inside   innerhalb
international flight   der Auslandsflug/internationale Flug
(to) *land*   landen
landing   die Landung
lap   der Schoß
lavatory   die Toilette
life jacket   die Schwimmweste
luggage /baggage   das Gepäck/Reisegepäck
meal   die Mahlzeit
(to) *miss a flight*   den Flug verpassen
no smoking section   das Nichtraucherabteil/die Nichtraucherzone
nothing to declare   nichts zu verzollen
on time   pünktlich
outside (of)   außerhalb
oxygen mask   die Sauerstoffmaske
passenger (airline)   der Fluggast/der Passagier
passenger (motor vehicle)   der Fahrgast
passport   der Reisepaß/Paß
passport inspection   die Passkontrolle
permanent residence   der ständige Wohnsitz
permitted/allowed   erlaubt

(to) *pick up*   abholen
        pillow   das Kissen
        pilot   der Pilot
        plane   das Flugzeug
        plane ticket   die Flugkarte
        point of origin   der Abflugsort
        porter   der Gepäckträger
        prohibited   verboten
        purpose   der Zweck
(to) *put on*   anlegen/anziehen
        ready   bereit
        row   die Reihe
        safety belt   der Sicherheitsgurt
        seat   der Platz/Sitz/Sitzplatz
        seat back   die Rückenlehne
        seat cushion   das Sitzkissen
        security   die Sicherheitskontrolle
        smoking   das Rauchen
        smoking section   das Raucherabteil/die Raucherzone
        something to declare   etwas zu verzollen
        stop   die Zwischenlandung
        suitcase   der Koffer/Reisekoffer
(to) *take off*   abfliegen
        takeoff   der Abflug/Start
        taxi(cab)   das Taxi
        taxi driver   der Taxifahrer, die Taxifahrerin
        technical difficulties   die technischen Schwerigkeiten
        terminal   die Halle/Flughalle
        ticket agent   der Ticketagent
        ticket counter   der Flugkartenschalter
        traffic jam   der Verkehrsstau
        traveler   der/die Reisende
        visa   das Visum
        weight   das Gewicht
        window (by the window)   das Fenster (am Fenster)

An der Tankstelle (Kapitel 4)

        air   die Luft
        air filter   das Luftfilter
        air pump   die Luftpumpe
        antifreeze   das Gefrierschutzmittel
(to) *balance (tires)*   (die Reifen) auswuchten
        battery   die Batterie

brake lining   der Bremsbelag
(to)   *break down*   eine Panne haben
car   der Wagen/ das Auto
car repair shop   die Autowerkstatt
carburetor   der Vergaser
(to)   *change the oil/tire*   das Öl/den Reifen wechseln
to)   *change the sparkplugs*   die Zündkerzen auswechseln
(to)   *check the air*   den Reifendruck prüfen
(to)   *check the battery*   die Batterie prüfen
(to)   *check the oil (level)*   den Ölstand prüfen
(to)   *check the water*   das Kühlwasser prüfen
(to)   *check (examine)*   prüfen
(to)   *chug*   tuckern
(to)   *cool off*   abkühlen
customer   der Kunde, die Kundin
customer service   der Kundendienst
dead (battery)   leer
disk brake   die Scheibenbremse
electrical system   die elektrische Anlage
engine compartment   der Motorraum
exhaust pipe   das Auspuffrohr
driver   der Fahrer, die Fahrerin
fan belt   der Ventilatorriemen
(to)   *fill the tank / fill up*   den Tank füllen/volltanken
flooded   abgesoffen
gas   das Benzin/der Sprit *(informal)*
gas pump   die Pumpe/die Benzinpumpe
gas pump island   die Zapfsäuleninsel/die Tanksäuleninsel
gas station   die Tankstelle
gas station attendant   der Tankwart
gas tank   der Benzintank
(to)   *get (__ liters of) gas*   (__ Liter) tanken
(to)   *hold the road*   eine gute Straßenlage haben
hood   die Haube/Motorhaube
hood release (button)   der Haubenknopf
hubcap   die Radkappe
(to)   *inflate the tire*   den Reifen aufpumpen
jack   der Wagenheber
(to)   *knock*   klopfen
key   der Schlüssel
level   der Stand
low   niedrig
(to)   *lubricate the car*   das Auto schmieren
mechanic   der Mechaniker

motor   der Motor
motor oil   das Motoröl
negative terminal (of a battery)   der Minuspol/der negative Pol
(to) *need*   brauchen
noise   das Geräusch
(to) *not hold the road*   keine gute Straß enlage haben
(to) *not start*   nicht anspringen
oil   das Öl
oil level   der Ölstand
overheated   heiß gelaufen
personal safety risk   ein personliches Sicherheitsrisiko
positive terminal (of a battery)   der Pluspol/der positive Pol
(to) *press*   drücken
pressure   der Druck
radial tire   der Gürtelreifen
radiator   der Kühler
radiator water   das Kühlwasser
rear window   die Heckscheibe
recapped tire   der runderneuerte Reifen
(to) *recharge*   aufladen
(to) *refill*   nachfüllen
regular   normal
(to) *reline (brakes)*   (die Bremsen) neu belegen
rental car   der Leihwagen/Mietwagen
(to) *replace*   ersetzen
roof rack   der Dachgepäckträger
(to) *shimmy*   flattern
shop (workshop)   die Werkstatt
spare tire   der Ersatzreifen/Reservereifen
sparkplug   die Zündkerze
stalled   abgewürgt
(to) *start easily*   leicht anspringen
starter   der Anlasser
super   Super
tank   der Tank
timing   die Zündung
tire   der Reifen
tire pressure   der Reifendruck/der Reifenfülldruck
(to) *tow*   abschleppen
towing service   der Abschleppdienst
towtruck   der Abschleppwagen
(to) *tune*   den Motor einstellen
(to) *turn off*   abstellen
trunk   der Kofferraum

unleaded   bleifrei
(to)   *wash*   waschen
water   das Wasser
water level   der Wasserstand
wheel   das Rad
(to)   *whine*   heulen
windshield   die Windschutzscheibe
worn   abgenutzt

Das Fahren (Kapitel 5)

automobile accident   der Autounfall
broken line   die gestrichelte Linie
bump   die Bodenschwelle
bus   der Autobus/Bus
careful(ly)   vorsichtig
center line   der Mittelstrich
(to)   *change lanes*   die Fahrbahn wechseln
choice   die Auswahl
city   die Stadt
coin (deposit) slot   der Münzeinwurf
collision   die Autokollision/die Kollision/der Zusammenstoß
community service   der Sozialdienst
corner   die Ecke
(to)   *cross (the street)*   überqueren
(to)   *cut off*   schneiden
difference   der Unterschied
directional signal   das Blinklicht
drive back   zurückfahren
driving   das Fahren
driving lessons (course)   der Fahrkursus
driving school   die Fahrschule
expressway (superhighway)   die Autobahn
fast   flott/schnell
fine   das Strafgeld
fine (penalty)   die Geldstrafe
(to)   *flip over*   überschlagen
(four-)lane road   die (vier)spurige Straße
gas pedal   das Gaspedal
green   grün
insignificant   unbedeutend
(to)   *jam on the brakes*   scharf auf die Bremse treten
(to)   *be killed in an accident*   tödlich verunglücken
lane   die Fahrbahn

license plate   das Nummernschild
line of cars   die Autoschlange
median   der Mittelstreifen
meter maid   die Politesse
multilane road   die mehrspurige Straße
no-parking   das Parkverbot
(to)   *observe (respect)*   achten auf
(to)   *park*   parken
parking   das Parken
parking disk   die Parkscheibe
parking meter   die Parkuhr
parking regulations   die Parkordnung
parking tag (voucher)   der Parkschein
parking tag vending machine   der Parkscheinautomat
parking time (duration)   die Parkdauer
(to)   *pass (overtake)*   überholen
passing   das Überholen
pedestrian   der Fußgänger
pedestrian croswalk   der Fußgängerüberweg
pileup   die Karambolage
police patrolman   der Streifenpolizist
pothole   das Schlagloch
private car   der Privatwagen
radio   der Funk
report, announcement   die Meldung
rearview mirror   der Rückspiegel
red   rot
regulated parking (i.e., blue zone)   die blaue Zone
right-of-way   die Vorfahrt
(to)   *run a light*   die Verkehrsampel überfahren
(to)   *run over*   überfahren
rush hour   die Spitzenverkehrszeit
seat belt   der Sicherheitsgurt
seriously injure   schwer verletzten
short-term parking zone   die Kurzparkzone
sidewalk   der Bürgersteig/Gehsteig
situation, conditions   die Lage
(to)   *skid*   schleudern
slippery   glatt
slower   langsamer
solid line   die durchgehende Linie
speed limit   die Geschwindigkeitsbegrenzung
(to)   *stand still*   stehenbleiben
(to)   *stop*   halten

street   die Straße
(to)   *take driving lessons*   einen Fahrkursus machen
ticket (traffic, parking)   der Strafzettel
traffic jam   der Vekehrsstau/die Verkehrsstauung/die Verkehrsstockung
traffic light   die Ampel/Verkehrsampel
truck   der Lastwagen
two-lane road   die zweispurige Straße
vehicle   das Fahrzeug
village   das Dorf
(to)   *walk*   zu Fuß laufen/gehen
Watch out!   Passen Sie (mal) auf!
windshield   die Windschutzscheibe
yellow   gelb
zebra crossing   der Zebrastreifen

Im Restaurant (Kapitel 6)

appetizer   die Vorspeise
(to)   *be a good buy*   preiswert sein
bill   die Rechnung
bread and butter dish   der kleine Teller
breakfast   das Frühstück
buffet   das Büfett
burned   verbrannt
business hours   die Öffnungszeiten *(f. pl.)*
cash   das Bargeld
champagne glass   das Sektglas/die Sektschale
check   die Rechnung
cheese   der Käse
clean   sauber
cold   kalt
(to)   *come right back*   gleich wiederkommen
complete   vollständig
continuous   durchgehend
credit card   die Kreditkarte
cup   die Tasse
curdled   geronnen
(to)   *cut*   schneiden
daily special /prix fixe   das Tagesmenü/Tagesgedeck
dessert   die Nachspeise/der Nachtisch
drink   das Getränk
(to)   *drink*   trinken
(to)   *eat*   essen
(to)   *enjoy/eat*   genießen

environment /surroundings   die Umgebung
excellent   hervorragend
expensive   teuer
filet of beef   das Rinderfilet
fish   der Fisch
fish dishes   Fischgerichte
food   das Essen
fork   die Gabel
fowl   das Geflügel
game   das Wild
goose live pâté   die Gänseleberpastete
half-cooked   halb gar
head chef   der Chefkoch
inn   der Gasthof
Is that all right with you?   Ist das Ihnen recht?
knife   das Messer
light   leicht
lunch   der Mittagstisch
main course   das Hauptgericht
meal of the day (at a fixed price)   das Tagesmenü/das Tagesgedeck
meat   das Fleisch
meat dishes   Fleischgerichte
menu   die Speisekarte
napkin   die Serviette
(to) *offer*   anbieten
order   die Bestellung
(to) *order*   bestellen
overcooked   zu gar
overripe   überreif
(to) *pay*   bezahlen
pepper   der Pfeffer
pub   die Kneipe
(to) *recommend*   empfehlen
reservation   die Reservierung
(to) *reserve*   reservieren
restaurant   das Restaurant/die Gaststätte
roast chicken   das Brathuhn
rotten   verfault
salad   der Salat
salt   das Salz
(to) *salt*   salzen
saucer   die Untertasse
sausage stand   die Wurstbude
(to) *serve*   servieren

service is included   die Bedienung ist inbegriffen
shellfish   Meeresfrüchte
side dish   die Beilage
silverware   das Besteck
snack   der Imbiß
soiled, dirty   dreckig/schmutzig/verschmutzt
soup   die Suppe
soup bowl   der Suppenteller
soup spoon   der Suppenlöffel
sour   sauer/säuerlich
specialty of the house   die Spezialität des Hauses
spicy, hot   stark gewürzt/würzig
spoiled   verdorben
(to)   *suggest*   vorschlagen
sweet   süß
table   der Tisch
table for four   ein Tisch für vier Personen
tablecloth   das Tischtuch
(to)   *taste*   schmecken
(to)   *taste like vinegar*   nach Essig schmecken
tasty   schmackhaft
teaspoon   der Teelöffel
tip   das Trinkgeld
too salty   versalzen
tough   zäh
traveler's check   der Reisescheck
(to)   *try*   probieren
veal roast   der Kalbsbraten
vegetable   das Gemüse
waiter   der Kellner/Ober *(addressed as "Herr Ober")*
wineglass   das Weinglas
wine list   die Weinkarte
(to)   *wipe*   abwischen

Die Küche (Kapitel 7)
(to)   *add*   zugeben, hinzufügen
(to)   *bake*   backen
(to)   *beat, whip*   schlagen/rühren/verrühren
(to)   *blanch*   blanchieren
(to)   *blend, mix*   vermengen
blender   der Mixer
(to)   *boil down, thicken*   einkochen
boiling   siedend

(to) break open, beat aufschlagen
(to) bring to a boil aufkochen lassen
(to) broil rösten
carving knife das Tranchiermesser
(to) chop kleinschneiden
(to) clean spülen/putzen
(to) cook/boil kochen
cookie sheet das Kuchenblech
cooking das Kochen
(to) cool abkühlen
cooking surface die Kochfläche
corn on the cob der Maiskolben
crisp knusprig
dining room das Eßzimmer
done (cooked) gar
double boiler das Wasserbad
(to) drain abtropfen
electric stove der Elektroherd
fat das Fett
(to) fill auffüllen
food processor die Küchenmaschine
freezer das Gefrierfach
(to) fry braten
frying pan die Bratpfanne
(to) garnish garnieren
gas stove das Gasherd
(to) grate reiben
(to) grease (a cake pan) fetten
(to) grind mahlen
grill der Rost
(to) grill grillen
handle der Stiel
heated erhitzt
ice cube tray die Eiswürfelschale
kitchen die Küche
loaf pan die Kastenform
(to) melt zerlassen
melted geschmolzen
microwave oven der Mikrowellenherd
oven der Backofen/die Bratröhre
(to) overcook verkochen
(to) peel schälen/schaben
pot der Kochtopf
pot cover der Topfdeckel

(to) *pour* eingießen
(to) *pour over* übergießen
    preparation die Zubereitung
(to) *prepare* vorbereiten/zubereiten
    pressure cooker der Schnellkochtopf
    recipe das Rezept
    refrigerator der Kühlschrank
(to) *roast* braten
    roasting pan der Bräter
(to) *sauté* sautieren
(to) *season* abschmecken
(to) *separate* trennen
    skewer der Spieß
    skin (animal) die Haut
    skin (vegetable) die Schale
(to) *soak* einweichen
(to) *sprinkle* bestreuen
    stew pan der Schmortopf/die Schmorpfanne
(to) *stir* umrühren
    stove der Herd
(to) *thicken* binden, eindicken
(to) *toss* schwenken
(to) *turn off (the stove)* ausschalten
(to) *turn on (the stove)* einschalten
(to) *undercook* nicht gar kochen

Kleidung (Kapitel 8)

    back die Rückseite
    beige beige
    blouse die Bluse
    blouse size die Blusengröße
    boat-neck der Bootausschnitt/U-Boot-Ausschnitt
    boutique die Boutique
    breast pocket die Brusttasche
    brown braun
    business hours die Geschäftszeiten
    button der Knopf
    button-down collar der geknöpfte Kragen
    button-down pocket die Tasche mit geknöpfter Klappe
    cash register die Kasse
    casual leger
    checked kariert
    chic schick/flott

clothing　die Kleidung
clothing department　die Kleiderabteilung
coffee-colored　kaffeebraun
collar　der Kragen
color　die Farbe
comfortable　bequem
(to)　*cost*　kosten
counter　der Ladentisch
cream-colored　cremefarbig
crease　die Bügelfalte
crew neck　der Rundauschnitt
cuff (sleeve)　die Manschette
cuff (pants)　der Aufschlag
cut (tailored)　geschnitten
dark blue　dunkelblau
dark grey　dunkelgrau
department store　das Kaufhaus
design　das Muster
display window　das Schaufenster
double-breasted jacket　der Zweireiher/die zweireihig geknöpfte Jacke
dove grey　taubengrau
dressy /elegant　elegant
elastic waistband　der Gummizug
embroidered　bestickt
epaulette　die Schulterklappe/das Schulterstück
expensive　teuer
fabric (material)　der Stoff
fabric shoe　die Schuhe aus Stoff
(to)　*fit*　passen/sitzen
fitting room　der Umkleideraum
flat　flach
flat shoes　die flachen Schuhe
fly　der Hosenschlitz
fringe　die Franse
front　die Vorderseite
(to)　*go well with (everything)*　gut zu (allem) passen/gut mit (allem) aussehen
grey　grau
heel　der Absatz/die Hacke
(to)　*help someone*　jemandem helfen/jemandem behilflich sein
helpful　behilflich
high　hoch
high heel shoes　Schuhe mit hohen Absätzen/Hacken
How much is the ___?　Wie teuer ist der/die/das ___?
(to)　*hurt (someone)*　jemandem weh tun

knitted cuff　das Strickbündchen
I would like…　Ich hätte gern…
khaki　khaki
lapel　der Aufschlag/Revers
large　groß
leather sole　die Ledersohle
light blue　hellblau
light brown　hellbraun
lined　gefüttert
lining　das Futter
long　lang
loose　weit
low heel shoes　die Schuhe mit flachen Absätzen/Hacken
low neckline, décolletage　der tiefe Ausschnitt/das Dekolleté
material (fabric)　der Stoff
men's clothing　die Herrenbekleidung
men's clothing store　das Herrenbekleidungsgeschäft
narrow /tight　eng
neckline　der Ausschnitt
neutral　neutral
olive green　olivgrün
pair (of shoes/socks)　das Paar (Schuhe/Socken)
pants pocket　die Hosentache
patterned　gemustert
(to)　pay　bezahlen
pink　rosa
pleated pants　die Bundfaltenhose
pleated skirt　der Faltenrock
pocket　die Tasche
polka dot　getupft
price　der Preis
printed　bedruckt
ready-to-wear clothes　die Konfektion/Fertigkleidung
removable lining　das abknöpfbare/herausnehmbare Futter
right　richtig
rubber sole　die Gummisohle
running shoes　die Joggingschuhe
rust-colored　rostrot
salesclerk　der Verkäufer, die Verkäuferin
sand-colored　sandfarbig
seat pocket　die Gesäßtasche
selection　die Auswahl
(to)　sell　verkaufen
shirt　das Hemd

shirt size   die Hemdgröße
shoes   die Schuhe
shoe size   die Schuhgröße
shoe store   das Schuhgeschäft
shoelace   der Schnürsenkel/Schuhriemen
short   kurz
side pocket   die Seitentasche
side slit der Seitenschlitz
simple   schlicht
single-breasted jacket   der Einreiher/die einreihig geknöfpte Jacke
size   die Größe
skirt   der Rock
sky blue   himmelblau
slanted pocket   die schräge Tasche
sleeve   der Ärmel
small   klein
snap   der Druckknopf
sole   die Sohle
something simple   etwas Schlichtes
stylish   flott/schick
striped   gestreift
store   das Geschäft
(to)   *suggest*   vorschlagen
tailor   der Schneider
tight /narrow   eng
(to)   *try on*   anprobieren
turtleneck   der Rollkragen
V-neck   der V-Ausschnitt
waist   die Taille
waterproof   wasserdicht
(to)   *wear (size ___)*   (Größe ___) tragen
wicked   sündhaft
wine red   weinrot
What do you think?   Was meinen Sie?
women's clothing   die Damenbekleidung
women's clothing store   das Damenbekleidungsgeschäft
wraparound skirt   der Wickelrock
zipper   der Reißverschluß

In der Reinigung und in der Wäscherei (Kapitel 9)

certainly   sicher
day after tomorrow   übermorgen
dirty   schmutzig

(to)   *dry clean*   (chemisch) reinigen
        dry cleaners   die Reinigung/chemische Reinigung
        fall off   abfallen
        favorite coat   Lieblingsmantel
(to)   *have done*   machen lassen
(to)   *have dry cleaned*   (chemisch) reinigen lassen
(to)   *have pressed*   bügeln lassen
(to)   *have washed*   waschen lassen
        hole   das Loch
        laundromat (coin-operated)   die Münzwäscherei
        laundry   die Wäsche
        lining   das Futter
        looks like   sieht aus wie
(to)   *mend, darn*   stopfen/flicken
        more likely   eher
        nonsmoker   Nichtraucherin
(to)   *pick up (fetch)*   abholen
(to)   *press*   bügeln
(to)   *reweave*   einweben
        ripped   zerrissen
(to)   *sew a seam*   eine Naht schließen
        shrink   eingehen/einlaufen
        starch   die Stärke
(to)   *starch*   stärken
        steampress   die Bügelpresse
(to)   *throw away*   wegwerfen
        underwear   die Wäsche/Unterwäsche
(to)   *wash*   waschen
        whether   ob
        worn   abgetragen
        wrinkled   zerknittert

Im Krankenhaus (Kapitel 10)

        admission form   das Aufnahmeformular
        admissions office/admitting   die Krankenhausaufnahme
        ambulance   der Krankenwagen/Rettungswagen/Unfallwagen
        anesthesiologist   der Anästhesist/die Anästhesistin
(to)   *anesthetize*   betäuben/narkotisieren
        appendicitis   die Blinddarmentzündung
        appendix   der Blinddarm
(to)   *arise*   auftreten
(to)   *be fed intravenously*   am Tropf hängen
(to)   *be in labor*   in den Wehen liegen/die Wehen haben

birth   die Geburt
complications   die Komplikationen
(to) *deliver a child*   ein Kind zur Welt bringen
delivery   die Entbindung
delivery room   der Kreißsaal
doctor   der Arzt
emergency   der Notfall
emergency doctor   der Notarzt, die Notärztin
emergency room   die Unfallstation
emergency telephone number   die Notrufnummer
emergency treatment   die Notversorgung
(to) *feed intravenously*   die Nahrung intravenös verabreichen
(to) *fill out the form*   das Formular ausfüllen
(to) *give oxygen*   Sauerstoff züfuhren/mit Sauerstoff behandeln
head nurse (female)   die Oberschwester
health insurance   die Krankenversicherung
health insurance company   die Krankenkasse
health insurance form   der Krankenschein
heart attack   der Herzinfarkt
help   die Hilfe
hospital   das Krankenhaus
hospital staff   das Krankenhauspersonal
injured   verletzt
injured person   der/die Verletzte
insurance policy   die Versicherungspolice
insured party   der/die Versicherte
intensive care station   die Intensivstation
lab assistant   der medizinish-technische Laborassistent/die medizinish-technische
   Laborassistentin
medical   ärztlich
nurse   die Krankenschwester/der Krankenpfleger/die Krankenpflegerin
obstetrician   der Geburtshelfer
occupational illness   die Berufskrankheit
(to) *operate*   operieren
operating room   der Operationssaal
operating table   der Operationstisch
pregnancy   die Schwangerschaft
pregnant   schwanger/guter Hoffnung sein
radiology assistant   der Röntgenassistent/die Röntgenassistentin
recovery room   die Aufwachstation
stretcher   die Krankenbahre
surgeon   der Chirurg/die Chirurgin
(to) *take a blood sample*   eine Blutprobe abnehmen
(to) *take blood pressure*   den Blutdruck messen

(to) *take an x-ray* röntgen/eine Röntgenaufnahme machen
university hospital die Universitätsklinik
wheelchair der Rollstuhl

Kulturelle Veranstaltungen (Kapitel 11)
act der Akt
actor der Schauspieler/Darsteller
actress die Schauspielerin/Darstellerin
advance ticket purchase die Vorverkauf
adventure movie der Abenteuerfilm
advertising die Werbung
animated movie /cartoon der Zeichentrickfilm/Zeichenfilm
(to) *appear on the stage* auf der Bühne erscheinen
(to) *applaud* applaudieren
audience das Publikum/die Zuschauer
author der Autor, die Autorin
avant garde play das avantgardistische Theaterstück
backstage hinter den Kulissen
balcony der Balkon
(to) *be playing (movie)* laufen
box (theater) die Loge
box office die Theaterkasse/Kasse
box office success der Kassenschlager
cabaret das Kabarett
cameraman der Kameramann
cartoon/animated movie der Zeichentrickfilm/Zeichenfilm
cast die Besetzung
checkroom die Garderobe
checkroom attendant die Garderobenfrau
(to) *choose* aussuchen
comedy die Komödie/das Lustspiel
(to) *compose* komponieren
composer (for a film musical score) der Filmkomponist
continuous showings die Nonstopvorstellung
costume das Kostüm
cowboy movie /western der Wildwestfilm/Western
credits after a film der Nachspann
credits before a film der Vorspann
curtain der Vorhang
curtain goes up/down der Vorhand geht auf/fällt
curtain/show time die Vorstellungszeit
detective movie der Kriminalfilm/Krimi/Detektivfilm
(to) *direct* die Regie führen

director   der Regisseur
director of a film   der Filmregisseur
documentary   der Dokumentarfilm
dress circle /first balcony   der erste Balkon/erste Rang
(to) *dub (a film)*   synchronisieren
editor (film)   der Schnittmeister/der Cutter
entrance   der Eingang
evening performance   die Abendvorstellung
event   die Veranstaltung
exhibition   die Ausstellung
feature film   der Spielfilm
film/movie   der Film
first balcony /dress circle   der erste Balkon/der erste Rang
footlight   das Rampenlicht
front orchestra   das Parkett
funny   lustig
gallery   die Galerie/der oberste Rang
(to) *go to the movies/theater*   ins Kino/Theater gehen
hit   der Hit
horror movie   der Horrorfilm
intermission   die Pause
leading lady   die Hauptdarstellerin
leading man   der Hauptdarsteller
(to) *like (someone) best*   (jemanden) am liebsten haben
love story (movie)   der Liebesfilm
matinee   die Nachmittagsvorstellung
movie /film   der Film
movie theater   das Kino
museum   das Museum
music   die Musik
musical   das Musical
necessary   nötig
newsreel   die Wochenschau
nightclub   der Nachtklub
no performance   keine Vorstellung
occasionally   gelegentlich
opera/opera house   die Oper
operetta   die Operette
ochestra (seating)   das Parterre
original version   die Originalfassung
participants   die Mitwirkenden
performance   die Aufführung/Vorstellung
play   das Theaterstück/Schauspiel
(to) *play (a movie)*   laufen

(to) *play a role*   eine Rolle spielen
(to) *prefer*   vorziehen
producer   der Filmproduzent
program   das Theaterprogramm
porno movie   der erotische Film/Pornofilm
posted   angeschlagen
premiere   die Uraufführung/Premiere/Uraufführung
(to) *provide*   bereitstellen
(to) *put on a play*   ein Theaterstück aufführen
(to) *receive (two, three) curtain calls*   (zweimal, dreimal) herausgerufen werden/(zwei, drei) Vorhänge bekommen
reservation   die Reservierung
(to) *reserve*   reservieren
role   die Rolle
row   die Reihe
ring/tier   der Rang
sad   traurig
scene   die Szene
scenery/stage design   das Bühnenbild
science fiction movie   der Science-fiction Film
screenplay   das Drehbuch
screenwriter   der Drehbuchautor
seat (piece of furniture)   der Sitz
seat (place to sit)   der Platz/der Sitzplatz
second balcony   der zweite Balkon/der zweite Rang
(to) *shoot a film*   einen Film drehen
(to) *show a film*   einen Film zeigen
short (film)   der Kurzfilm
show   die Show/die Aufführung
(to) *show a movie*   einen Film zeigen
show/curtain time   die Vorstellungszeit/der Beginn der Vorstellung
sold out   ausverkauft
smash hit   der Bombenerfolg
sound technician   der Tontechniker
spy movie   der Spionagefilm/Agentenfilm
stage   die Bühne
stage design/scenery   das Bühnenbild
stagehand   der Bühnenarbeiter
star   der Star
stuntman   der Stuntman
subtitle   der Untertitel
technician   der technische Mitarbeiter
theater   das Theater
theater ticket   die Theaterkarte/Karte

ticket window   die Kasse
tier/ring   der Rang
tragedy   die Tragödie/das Trauerspiel
tremendous success   der Riesenerfolg
type of movie   die Filmgattung
type of play   die Theaterstückgattung
usher   der Platzanweiser, die Platzanweiserin
western/cowboy movie   der Wildwestfilm/Western

Das Wohnen (Kapitel 12)

air conditioned   klimatisiert
air conditioner   die Klimaanlage
apartment   die Wohnung
apartment house   der Wohnblock/das Mietshaus/Appartementhaus
attic   der Dachboden
balcony   der Balkon
basement/cellar   der Keller
bathroom   das Bad/Badezimmer
bedroom   das Schlafzimmer
(to) build   bauen
cellar/basement   der Keller
center/old part of town   die Altstadt
central heating   die Zentralheizung
city   die Stadt
commune   die Wohngemeinschaft
concrete block   der Betonblock
condominium apartment   die Eigentumswohnung
corridor   der Korridor/Flur
courtyard   der Hof
crack   der Spalt
dining room   das Eßzimmer
door   die Tür
down   hinunter
elevator   der Lift/Aufzug/Fahrstuhl
entrance   der Eingang
exclusive residential district   das Villenviertel
fence   der Zaun
first/ground floor   das Erdgeschoß/Parterre
floor   das Stockwerk/die Etage
folding door   die Falttür/die Drehfalttür
for rent   zu Vermieten
foyer   der Vorraum
front door   die Haustür/die Eingangstür

 garage die Garage
 garden der Garten
 gas das Gas
(to) *go down* hinunterfahren
(to) *go up* hinauffahren
 ground/first floor das Erdgeschoß/Parterre
 hall der Flur/die Diele
 heat/heater die Heizung
 high-rise das Hochhaus/der Wohnblock
 house das Haus
 housing development die Wohnsiedlung
 housing possibilities die Wohnmöglichkeiten
 kitchen die Küche
 installations/equipment die Einrichtung
 lease der Mietvertrag
(to) *live/reside* wohnen
 living room das Wohnzimmer
 monthly monatlich
 mortgage die Hypothek
(to) *move out* ausziehen
 old part/center of town die Altstadt
(to) *own* besitzen
 owner/proprietor der Eigentümer, die Eigentümerin
 peephole das Guckloch/der Spion
 provisions/supply der Vorrat
 quarterly vierteljährlich
 real estate advertisements die Immobilienanzeigen
 real estate agent der Immobilienmakler
 rent die Miete
(to) *rent* mieten
 room das Zimmer
 room/lodgings die Bude *(slang)*
 row house das Reihenhaus
 running water fließendes Wasser
 safety chain die Sicherheitskette
 second floor die erste Etage/das erste Stockwerk
 security deposit die Kaution
 single-family (detached) house das Einzelhaus/Einfamilienhaus
 skylight das Oberlicht
 sliding door die Schiebetür/die Terrassentür
 stairs die Treppe
 state-subsidized housing die Sozialwohnung
 storage die Lagerung
 storeroom (for supplies) der Lagerraum

storeroom (for little-used articles)   der Abstellraum
(to) *sublet*   weitervermieten
suburb   der Vorort/die Vorstadt/die Schlafstadt/Wohnstadt/Trabantenstadt/
    Satellitenstadt
tenant   der Mieter, die Mieterin
third floor   die zweite Etage/das zweite Stockwerk
timed light switch   der Lichtzeitschalter
two-family (attached) house   das Doppelhaus
up   hinauf
utilities (cost of), additional costs   die Nebenkosten
wardrobe   der Kleiderschrank
window   das Fenster
with all conveniences   mit allem Komfort
wood   das Holz

Die Arbeit (Kapitel 13)

accounting   das Rechnungswesen
actor/actress   der Schauspieler, die Schauspielerin
administrative personnel   das administrative Personal
advertising   die Werbung
aerospace industry   die Luft- und Raumfahrtindustrie
agriculture/farming   die Landwirtschaft
applicant   der Bewerber, die Bewerberin/der Kandidat, die Kandidatin
application   die Bewerbung
artisan   der Handwerker, die Handwerkerin
artist   der Künstler, die Künstlerin
artist's studio   das Atelier
base salary   das Grundgehalt
basic knowledge   die Grundkenntnisse
(to) *begin (a job)*   antreten
blue-collar worker   der Arbeiter
bookkeeper   der Buchhalter, die Buchhalterin
bonus   die Zulage
boutique   die Boutique
business administration   die Betriebswirtschaft
compensation   die Vergütung
computer science/data processing   die Informatik
curriculum vitae/résumé   der Lebenslauf
dancer   der Tänzer, die Tänzerin
(to) *deduct*   abziehen
department head   der Abteilungsleiter
department store   das Kaufhaus
disability insurance   die Invalidenversicherung
doctor   der Arzt, die Ärztin

documents die Unterlagen
(to) *earn a salary* ein Gehalt beziehen
employed berufstätig
employee der Angestellte, die Angestellte
employment/work die Beschäftigung/Tätigkeit
engineer der Ingenieur, die Ingenieurin
factory die Fabrik
farm der Bauernhof
farmer der Bauer, die Bäuerin
farming/agriculture die Landwirtschaft
fee die Gebühr
fee (doctors, lawyers) das Honorar
field (agriculture) das Feld
field (subject) der Bereich
(to) *fill out* ausfüllen
full time (main occupation) hauptberuflich
full-time job die Vollzeitbeschäftigung
government employee/civil servant der (Staats)beamter, die (Staats)beamtin
handicraft das Handwerk
health insurance die Krankenversicherung
holder of a diploma in business administration Diplom-Betriebswirt
hospital das Krankenhaus
industrial elite die industrielle Elite
insurance die Versicherung
insurance benefit payment die Versicherungsleistung
job die Stelle
job interview das Vorstellungsgespräch
knowledge die Kenntnis
laborer/worker der Arbeiter, die Arbeiterin
lawyer der (Rechts)anwalt, die (Rechts)anwältin
life insurance die Lebensversicherung
(to) *look for/seek* suchen
manager der Geschäftsführer
medicine die Medizin
middle management das mittlere Management
monthly monatlich
nurse die Krankenschwester/der Krankenpfleger, die Krankenpflegerin
occupation/profession der Beruf
office das Büro
office worker der Büroangestellte, die Büroangestellte
opera singer der Opernsänger, die Opernsängerin
organization die Organisation
overtime die Überstunden
part-time job die Teilzeitbeschäftigung

   pension die Rente
   performance die Vorführung
   personnel department die Personalabteilung
   position die Stellung
   premium (insurance) der (Versicherungs)beitrag
   profession der Beruf
   professor der Professor, die Professorin
   public service der öffentliche Dienst
(to) *receive* bekommen
   reference die Referenz
   résumé/curriculum vitae der Lebenslauf
   retired person der Rentner, die Rentnerin
   salary (civil servants, employees) das Gehalt
   salary (performers) die Gage
   salesclerk der Verkäufer, die Verkäuferin
   school die Schule
   secretary der Sekretär, die Sekretärin
   small businessmen kleine Geschaftsleute
   Social Security die Altersversicherung/die Altersrente
   soldier der Soldat, die Soldatin
   soldier's pay der Sold
   store der Laden
   student der Student, die Studentin
   studio das Atelier
   teacher der Lehrer, die Lehrerin
   temporary job die Zeitarbeit
   town hall das Rathaus
   unemployed arbeitlos
   unemployment insurance die Arbeitslosenversicherung
   union die Gewerkschaft
   wages (laborers, artisans) der Lohn
   white-collar worker der Angestellte, die Angestellte
   work *die Arbeit*
(to) *work* arbeiten
   worker/laborer der Arbeiter, die Arbeiterin
   workman, artisan der Handwerker

Das Wetter (Kapitel 14)

   air die Luft
   autumn/fall der Herbst
   breeze die Brise
   clear klar
(to) *clear up* sich aufheitern

cloud   die Wolke
(to)   *cloud over*   bewölken
cloudless   wolkenlos
cloudy   bewölkt/wolkig
cold   kalt
cool   kühl
cyclone/tornado   der Wirbelsturm
degree   der Grad
downpour   der Platzregen
drizzle   der Sprühregen
(to)   *drizzle*   nieseln
dry   trocken
fair (weather)   heiter
fall/autumn   der Herbst
fine   fein
fog   der Nebel
(to)   *freeze*   frieren
gust   der Windstoß/die Bö
hail   der Hagel/Hagelschauer
heavy/strong   stark
high/maximum temperature   die Höchsttemperatur
How is the weather today?   Wie ist das Wetter heute?
hurricane   der Hurrikan, der Wirbelsturm
ice   das Eis
light/mild   schwach
light rain   der Nieselregen/der Sprühregen
lightning   der Blitz
mild/light   schwach
mist   der Dunst
moderate   mäßig
overcast   bedeckt
(to)   *pour (rain)*   in Strömen gießen/in Strömen regnen
precipitation   der Niederschlag
rain   der Regnen
(to)   *rain cats and dogs*   Schusterjungen regnen, Bindfäden regnen
(to)   *rain (heavily)*   (stark) regnen
rainstorm   der Regensturm
rainy   regnerisch
(to)   *shine*   scheinen
shower   der Regenschauer
severe/violent   heftig
sky   der Himmel
sleet   der Schneeregen
snow   der Schnee

snow showers   der Schneeregen
(to)   *snow*   schneien
spring   der Frühling
squall   die Bö
storm   der Sturm
strong/heavy   stark
summer   der Sommer
sun   die Sonne
sunny   sonnig
temperature   die Temperatur
thunder   der Donner
thunderstorm   das Gewitter
tornado/cyclone   der Wirbelsturm
violent/severe   heftig
water droplet   das Wassertröpchen
warm   warm
weather   das Wetter
weather forecast   die Wettervorhersage/Wetterprognose
weather forecaster/meteorologist   der Meteorologe, die Meteorologin
wind   der Wind
windy   windig
winter   der Winter
zero degrees   null Grad

Following is a listing of vocabulary presented in Communicative Topics that were completed in the first and second books in this series and that do not appear in the third book.

Auf der Post

address   die Anschrift/Adresse
addressee (recipient)   der Empfänger
aerogram   das Aerogramm
airmail (by)   (per) Luftpost
around the clock   rund um die Uhr
(to)   *arrive*   ankommen
(to)   *attend to correspondence*   den Briefverkehr erledigen
block letters   die Blockschrift/Druckschrift
business hours   die Öffnungszeiten
city   die Stadt
confirmation of receipt   die Empfangsbestätigung
contents   der Inhalt
counter   der Schalter
country   das Land
customer   der Kunde, die Kundin

(to) *deliver*   austragen/zustellen
(to) *describe*   beschreiben
domestic letter   der Inlandsbrief
envelope   der Briefumschlag/Umschlag
(to) *fill out*   ausfüllen
fragile   zerbrechlich
form (printed)   das Formular
heavy   schwer
(to) *insure*   versichern
letter   der Brief
letter carrier   der Briefträger/Postbote
mail   die Post
(to) *mail (a letter)*   abschicken/einstecken/einwerfen
mailbox   der Briefkasten
main post office   das Hauptpostamt/die Hauptpost
name   der Name
open   geöffnet
package/parcel   das Paket/Päckchen
(to) *pick up*   abholen
post office   das Postamt/die Post
post office box   das Postfach
post office counter/window   der Postschalter
postage   das Porto
postal clerk   der Postbeamte, die Postbeamtin
postal code   die Postleitzahl
postal money order   die Postanweisung
postcard   die Postkarte
(to) *print in block letters*   in Blockschrift/Druckschrift schreiben
receipt   die Quittung
(to) *receive*   bekommen
(by) registered mail   (per) Einschreiben
remittance   die Geldsendung
scale   die Waage
(to) *send*   schicken/befördern
sender   der Absender
special delivery letter   der Eilbrief
special delivery letter carrier   der Eilbote
stamp   die Briefmarke
stamp vending machine   der Briefmarkenautomat
surcharge   der Zuschlag
twenty-four hours a day   rund um die Uhr
valuable   wertvoll
window (post office, bank)   der Schalter
zip code   die Postleitzahl

Die Bahn

adjustable   verstellbar
All aboard!   Alles einsteigen!
arrival   die Ankunft
arrivals board   die Ankunftsanzeige
baggage check (area)   die Gepäckaufbewahrung
baggage (claim) check   der Gepäckschein
baggage locker   das Gepäckschließfach
(to)   be late   Verspätung haben
bed   das Bett
behind schedule   mit Verspätung
berth   die Liege
(to)   board   einsteigen
center aisle   der Mittelgang
(to)   change trains   umsteigen
(to)   check (deposit) luggage/baggage   Gepäck abgeben
(to)   check (inspect)   kontrollieren
clock   die Uhr
compartment   das Abteil
conductor   der Schaffner
(to)   connect   verbinden/anschließen
corridor (side)   der Seitengang
departure   die Abfahrt
dining car   der Speisewagen
dining room   der Speiseraum
engineer   der Lokomotivführer
express train   der D-Zug
fast   schnell
first class   erste Klasse
fold-down bed /couchette   das Klappbett
fold-down tray   der Klapptisch
local train   der Personenzug
locker   das Schließfach
locomotive   die Lokomotive
lower berth   die untere Liege
luggage   das Gepäck
magazine   die Zeitschrift
main train station   der Hauptbahnhof
network   das Netz
newspaper   die Zeitung
newsstand   der Kiosk
occupied   besetzt
on time   rechtzeitig

one-way ticket   die einfache Fahrkarte
passenger   der Fahrgast/der Reisende/die Reisende
platform   der Bahnsteig
porter   der Gepäcktrager
(to) *punch (ticket)*   lochen/knipsen
railroad   die Bahn
railroad car   der Eisenbahnwagen/Wagen
railroad official   der Bahnbeamte, die Bahnbeamtin
railroad station   der Bahnhof/die Station
railroad station restaurant   die Bahnhofsgaststätte
(to) *reserve*   reservieren
reserved   reserviert
reserved seat ticket   die Platzkarte
round-trip ticket   die Rückfahrkarte
schedule   der Fahrplan
seat reservation   die Platzreservierung
second class   zweite Klasse
self-service restaurant   das Selbstbedienungsrestaurant
sleeping car (compartments with fold-down beds or couchettes)   der Liegewagen
sleeping/Pullman car (private compartments)   der Schlafwagen
slow   langsam
snack car   der Imbißwagen
(to) *stop*   anhalten
suitcase   der Koffer
through car   der Durchgangswagen/Eisenbahnwagen mit Mittelgang
ticket   die Fahrkarte
ticket counter   der Schalter/Fahrkartenschalter
timetable   der Fahrplan
train   der Zug
train kitchen   die Zugküche
train station   der Bahnhof
train trip   die Bahnfahrt
travel agency   das Reisebüro
traveler   der Reisende, die Reisende
upper berth   die obere Liege
vacant   frei
(to) *wait (for something)*   (auf etwas) warten
waiting room   der Wartesaal

Beim Autoverleih

automatic drive   das Automatikgetriebe
automobile (car)   das Auto/der Wagen
brake   die Bremse

brake pedal das Bremspedal

(to) *break down (car)* eine Panne haben

button der Knopf

(to) *buy* kaufen

by the day pro Tag

by the month pro Monat

by the week pro Woche

car das Auto/der Wagen

car dealer die Autoverkaufsstelle

car insurance policy der Autoversicherungsschein

car key der Autoschlüssel

car rental agency der Autoverleih

car rental agreement der Automietvertrag

casualty insurance die Schadensversicherung

(to) *check /inspect* kontrollieren

city map der Stadtplan

clutch die Kupplung

clutch pedal das Kupplungspedal

compact car der Kompaktwagen

condition of the car der Zustand des Autos

credit card die Kreditkarte

damage der Schaden

dashboard das Armaturenbrett

direction die Richtung

directional signal das Blinklicht

(to) *disengage the clutch* auskuppeln

door die Tür

downtown die Stadtmitte

(to) *drive* fahren

(to) *drive away/off* wegfahren/losfahren

driver's license der Führerschein

empty leer

(to) *engage the clutch* einkuppeln/die Kupplung einschalten

flat tire die Reifenpanne/der Platten/der Plattfuß

fog light der Nebelscheinwerfer

forward gear der Vorwärtsgang

full voll

gas das Benzin

gas station die Tankstelle

gear der Gang

gear shift lever der Schalthebel

(to) *get in* einsteigen

(to) *get lost* sich verirren

glove compartment das Handschuhfach

(to) guarantee   garantieren
      hand brake   die Handbremse
      headlight   der Scheinwerfer
      heater   die Heizung
      high beam   das Fernlicht
      horn   die Hupe
      included   inbegriffen
      insurance   die Versicherung
      insurance policy   der Versicherungsschein
      jack   der Wagenheber
      jack handle   die Wagenheberkurbel
      key   der Schlüssel
      lever   der Hebel
      light   das Licht
      low beam   das Abblendlicht
      lug wrench   der Kreuzschlüssel
      manual drive   die Gangschaltung
      map   die Landkarte/Karte
      mileage   die Kilometerzahl
      neutral (gear)   der Leerlauf
(to) operate   betätigen
      parking light   das Standlicht
      parking lot   der Parkplatz
      parking space   der Parkplatz
(to) pay   bezahlen
      pedal   das Pedal
(to) press down (on)   drücken (auf)
      price   der Preis
(to) put into (first) gear   den (ersten) Gang einlegen/einschalten
(to) rent   mieten
      rental car   der Leihwagen/Mietwagen
(to) require (demand)   verlangen
(to) require (need)   brauchen
      required/obligatory   erforderlich
(to) return   zurückbringen/zurückgeben
      reverse (gear)   der Rückwärtsgang
      road map   die Straßenkarte
      seat adjustment (lever)   die Sitzverstellung
      security   die Sicherheit
(to) shift (gears)   schalten
(to) sign   unterschreiben
      spare tire   der Ersatzreifen
      special (weekend) price   der (Wochenend) sonderpreis
      standard-sized model   der Standardmodell

steering wheel　das Lenkrad
(to)　*step (on)*　treten (auf)
switch　der Schalter
tank　der Tank
tire　der Reifen
trunk　der Kofferraum
two-door car　ein zweitüriges Auto
unlimited　unbeschränkt
valid　gültig
weekend rental　der Wochenendverleih
windshield wiper　der Scheibenwischer
(to)　*work (function)*　funktionieren

Unterwegs mit dem Auto

approximately　etwa/ungefähr
close by (to)　in der Nähe (von)
direction　die Richtung
(to)　*drive past*　vorbeifahren
east (of)　östlich (von)
entrance　die Einfahrt
exit　die Ausfahrt
(to)　*follow*　folgen
(to)　*get over to the left/right*　sich links/rechts einreihen
(to)　*intersect*　kreuzen
intersection　die Straßenkreuzung
(to)　*leave*　verlassen
main street　die Hauptstraße
north (of)　nördlich (von)
(to)　*observe (pay attention to)*　achten (auf)
on/to the left　links
on/to the right　rechts
outskirts　der Stadtrand
(to)　*reach*　erreichen
south　der Süden
south (of)　südlich (von)
street sign　das Straßenschild
stretch (section)　die Strecke
superhighway (expressway)　die Autobahn
toll　die Straßengebühr
toll road　die gebührenpflichtige Straße/Mautstraße
tollbooth　die Mautstelle/Zahlstelle
traffic circle　der Kreisverkehr/Kreisel
traveling by car　unterwegs mit dem Auto

(to)   *turn off*   abbiegen
         village   das Dorf
         west (of)   westlich (von)

Zu Fuß unterwegs

(to)   *be located*   liegen
         corner/street corner   die Ecke/Straßenecke
         direct(ly)   direkt
         far (from)   weit (von)
         main intersection   die Hauptstraßenkreuzung
(to)   *look for*   suchen
         on foot   zu Fuß
         opposite   gegenüber
(to)   *pass (overtake)*   überholen
         police station   die Polizeiwache
(to)   *regulate*   regeln
(to)   *run (flow) into*   laufen in
(to)   *stop*   anhalten
         straight ahead   geradeaus
         street corner   die Straßenecke/Ecke
         street traffic   der Straßenverkehr
(to)   *take the bus*   den Bus nehmen
(to)   *turn around*   umkehren
(to)   *turn left/right*   links/rechts abbiegen
(to)   *walk*   zu Fuß gehen
         wrong direction   die falsche Richtung

Im Hotel

         air conditioner   die Klimaanlage
         American plan (room + three meals)   die Vollpension
(to)   *ask for (demand)*   verlangen
         bath towel   das Badetuch
         bathroom   das Badezimmer/Bad
         bathtub   die Badewanne
(to)   *be awakened*   geweckt werden
         bed   das Bett
         bill   die Rechnung
         blanket   die Bettdecke
         booked up   ausgebucht
         breakfast   das Frühstück
         burned out   ausgebrannt
         cashier   der Kassierer, die Kassiererin
         cashier's desk   die Kasse

           chambermaid   das Zimmermädchen
(to)   *check the bill*   die Rechnung kontrollieren
           checkout time   die Ausstempelfrist
           confirmation   die Bestätigung
           credit card   die Kreditkarte
           date of arrival   das Ankunftsdatum
           date of departure   das Abreisedatum
(to)   *depart /leave*   abreisen/wegfahren
           deposit   die Anzahlung
           desk clerk   der Empfangschef, die Empfangsdame
           dinner   das Abendessen
           double bed   das französiche Bett/Doppelbett
           double room   das Doppelzimmer
           dress   das Kleid
(to)   *dry clean*   chemisch reinigen
           dry cleaning service   der Reinigungsservice
           elevator   der Lift/Aufzug/Fahrstuhl
           faucet   der Wasserhahn
(to)   *fill out*   ausfüllen
           first class (adj.)   erstklassig
           flat rate   der Pauschalpreis
           floor   das Stockwerk
           full board   die Vollpension
           folding bed   das Klappbett
           garden   der Garten
           guest house   die Pension
           hand towel   das Handtuch
           hanger   der Kleiderbügel
(to)   *have something dry cleaned*   etwas chemisch reinigen lassen
(to)   *have something washed*   etwas waschen lassen
           hotel   das Hotel
           hotel guest   der Hotelgast
           hotel registration desk   die Hotelrezeption
           hotel room   das Hotelzimmer
(to)   *include*   einschließen
           included   inbegriffen
           including   einschließlich
           individual amount /item   der Einzelbetrag
           inside courtyard   der Innenhof
           key   der Schlüssel
           lake   der See
           laundry service   der Wäscheservice
(to)   *leave (depart)*   abreisen/wegfahren
           light bulb   die Glühbirne

(to) *make out the bill*   die Rechnung ausstellen
    meal   die Mahlzeit
    modified American plan (room + breakfast and one other meal)   die Halbpension
    mountains   das Gebirge
    ocean   das Meer
    operator (switchboard)   die Telefonistin
    outlet   die Steckdose
    overnight (stay)   die Übernachtung
    pillow   das Kopfkissen
    price   der Preis
    radiator   die Heizung
    registration desk   die Rezeption
    registration form   das Formular
(to) *remit*   schicken/überweisen
(to) *require*   verlangen
    reservation   die Reservierung
(to) *reserve*   reservieren
    restaurant   das Restaurant
    room   das Zimmer
    room number   die Zimmernummer
    room reservation   die Zimmerreservierung
    room reservation service   der Zimmernachweis
    room service   der Zimmerservice
    room for two people   ein Zimmer für zwei Personen
    room with double bed   ein Zimmer mit einem Doppelbett
    room with one bed for one person (two people)   ein Zimmer mit einem Bett für eine Person
       (zwei Personen)
    room with two single beds   ein Zimmer mit zwei Einzelbetten
    room with a view of the ocean/street   das Zimmer mit Blick aufs Meer/zur Straße
    service   die Bedienung
    shower   die Dusche
    single room   das Einzelzimmer
    sink   das Waschbecken
    soap   die Seife
(to) *spend (time)*   verbringen
(to) *stay*   bleiben
    stopped up   verstopft
    suit   der Anzug
    suitcase   der Koffer
    summer season   die Sommersaison
    swimming pool   das Schwimmbad
    tax   die Steuer
    telephone call   das Telefonat
    the toilet doesn't flush   die Toilettenspülung funktioniert nicht

     toilet /commode   die Toilette
     toilet paper   das Toilettenpapier
     travel agency   das Reisebüro
     trip   die Reise
     twin beds   zwei Einzelbetten
     vacant   frei
(to)   *vacate (the room)*   (das Zimmer) räumen
     vacation   der Urlaub
(to)   *wake up*   wecken
(to)   *wash*   waschen

Einkaufen

     anything /something else   sonst noch etwas
     bag (of potato chips)   die Tüte (Kartoffelchips)
     bakery   die Bäckerei
     bottle (of mineral water)   die Flasche (Mineralwasser)
     bouquet of flowers   der Strauß Blumen/Blumenstrauß
     box (of powdered detergent)   die Packung (Waschpulver)
     bread   das Brot
     bunch (of carrots)   das Bund (Karotten/Mohrrüben)
     butcher   der Fleischer/Metzger/ Schlachter
     butcher shop   die Fleischerei/Metzgerei/Schlachterei
     cake   der Kuchen
     can (of tuna)   die Dose (Thunfisch)
     canned   eingemacht
     canned goods aisle   die Reihe mit Konserven
     cash register/checkout   die Kasse
     cheese   der Käse
     cheese store   das Käsegeschäft
     chicken   das Huhn
     chocolate bar   die Tafel Schokolade
     cold cuts   der Aufschnitt
     container (of yogurt)   der Becher (Joghurt)
     corner grocery   der Eckladen
     crab   der Taschenkrebs
     cream   die Sahne
     dairy store   das Milchgeschäft
     detergent   das Spülmittel
     Do you want anything else?   Haben Sie sonst/noch einen Wunsch?
     dozen (eggs)   das Dutzend (Eier)
     duck   die Ente
     enriched with vitamins   angereichert mit Vitaminen
     fish   der Fisch

fish store   das Fischgeschäft/die Fischhandlung
flower   die Blume
food section   die Lebensmittelabteilung
fresh   frisch
frozen/deep frozen   tiefgefroren/tiefgekühlt
fruit   das Obst
fruit vendor   der Obsthändler
(to)   go shopping   einkaufen/Einkäufe machen
gram   das Gramm
half   halb
ham   der Schinken
hard   hart
head of lettuce   der Kopf Salat/Salatkopf
high fiber   ballaststoffreich
How much is that?   Wievel kostet/macht das?
jar (of jam)   das Glas (Marmelade)
kilogram   das Kilo/Kilogramm
liquid detergent   das flüssige Spülmittel
loaf of bread   der Brotlaib/Laib Brot
(to)   look /seem/appear   aussehen
low calorie   kalorienarm
low fat   fettarm
market stall   die Marktbude
meat   das Fleisch
milk   die Milch
Mom and Pop store   der Tante-Emma-Laden
mussel   die Muschel
open-air market   der Wochenmarkt
package (of frozen spinach)   das Paket (Tiefkühlspinat)
packet   der Beutel/das Päckchen
paper bag   die Papiertüte
paper napkin   die Papierserviette
paper towel   das Papierhandtuch
pastries   das Gebäck
pastry shop   die Konditorei
piece (of cheese)   das Stück (Käse)
plastic bag   die Plastiktüte
poultry   das Geflügel
pound   das Pfund
preservatives   Konservierungsstoffe/Konservierungsmittel
ripe   reif
roll (of toilet paper)   die Rolle (Toilettenpapier)
rye bread   das Roggenbrot
section   die Abteilung

shopping   das Einkaufen

shopping bag   die Einkaufstasche

shopping cart   der Einkaufswagen

slice (of ham)   die Scheibe (Schinken)

smoked ham   der Lachsschinken

soft (mushy)   weich

something /anything else   sonst noch etwas

soup   die Suppe

stalk (of celery)   die Stange (Krautsellerie)

storekeeper/proprietor   der Ladenbesitzer, die Ladenbesitzerin

string bag   das Einkaufsnetz

supermarket   der Supermarkt

tea bag   der Teebeutel

tender   zart

thick   dick

tough   zäh

tube (of mustard)   die Tube (Senf)

tuna fish   der Thunfisch

turkey   der Truthahn

vegetable   das Gemüse

vegetable store   der Gemüsehändler

What shall it be?   Was darf's sein?

wheat bread   das Weizenbrot

Beim Herrenfriseur

a little   ein bißchen

at the sides   an den Seiten

barber   der (Herren)friseur

beard   der (Voll)bart

clippers   die Haarschneidemaschine

(to) *cut someone's hair*   jemandem die Haare schneiden

(to) *get one's hair cut*   sich die Haare schneiden lassen

(to) *get one's hair washed*   sich die Haare waschen lassen

hair   das Haar

haircut (process)   das Haareschneiden

haircut (coiffure)   der Haarschnitt

in back   hinten

(to) *like*   gefallen (dative)

long   lang

moustache   der Schnurrbart

neck   der Nacken

on the left/right side   auf der linken/rechten Seite

on the neck   im Nacken

on top   oben
part   der Scheitel
razor   der Rasierapparat/das Rasiermesser
scissors   die Schere
shampoo   das Shampoo/Shampoon/Schampon
short   kurz
side   die Seite
sideburns   die Koteletten
(to) *trim*   nachschneiden/ein bißchen schneiden
(to) *trim (facial hair)*   stutzen
(to) *wash someone's hair*   jemandem die Haare waschen
(to) *wear the part on the left/right*   den Scheitel links/rechts tragen

Beim Damenfriseur

(to) *brush one's hair*   sich die Haare bürsten
(to) *comb one's hair*   sich die Haare kämmen
(to) *comb out*   auskämmen
cream rinse   die Creme-Spülung
curly   kraus
curly hair   krauses Haar
(to) *dye someone's hair*   jemandem die Haare färben
fingernail   der Fingernagel
(to) *give someone a perm(anent)*   jemandem eine Dauerwelle machen
(to) *give someone a set*   jemandem die Wellen legen
hair dye   die Haarfarbe/das Haarfärbemittel
haircut (coiffure)   der Haarschnitt
hairdresser   der (Damen)friseur, die (Damen)friseuse
hairdryer (hand-held)   der Fön
hairdryer (stationary)   die Trockenhaube
hairspray   das Haarspray/der Haarlack
length   die Länge
(to) *like*   mögen
long   lang
manicure   die Maniküre
nail polish   der Nagellack
on bottom/below   unten
perm(anent)   die Dauerwelle
roller   der Lockenwickler
scissors   die Schere
(to) *set someone's hair*   jemandem die Haare legen
short   kurz
(to) *spray*   sprühen
straight   glatt

straight hair   glattes Haar
toenail   der Fußnagel/Zehennagel
wave   die Welle

Beim Arzt

(to)   *advise someone (to)*   jemandem raten (zu)
allergic (to)   allergisch (gegen)
allergy   die Allergie
antibiotic   das Antibiotikum
appetite   der Appetit
appointment   der Termin
arm   der Arm
aspirin   das Aspirin
birth control pill   die (Antibaby)pille
blister   die Blase
blood group   die Blutgruppe
blood pressure   der Blutdruck
blood specimen   die Blutprobe
(to)   *be constipated*   Verstopfung haben
better   besser
breath   der Atem
(to)   *breathe*   Atem holen
breathing problems   die Atembeschwerden (f. pl)
capsule   die Kapsel
case   der Fall
(to)   *catch a disease/the flu*   sich eine Krankheit/eine Grippe holen
chest   die Brust
chills   der Schüttelfrost
cold   die Erkältung/der Schnupfen
(to)   *come to /regain consciousness*   wieder zu sich kommen
congested /stuffed   verstopft
constipation   die Verstopfung
(to)   *consult/visit*   aufsuchen
(to)   *consult a specialist*   einen Spezialisten/Facharzt zu Rate ziehen, eine
      Spezialistin/Fachärztin zu Rate ziehen
cough   der Husten
(to)   *cough*   husten
(to)   *describe*   beschreiben
diagnosis   die Diagnose
diarrhea   der Durchfall
disease/illness   die Krankheit
dizzy   schwindlig
doctor   der Arzt, die Ärztin

    doctor's office das Sprechzimmer/die Praxis
    ear das Ohr
    EKG (electrocardiogram) das EKG (Elektrokardiogramm)
 (to) *examine* untersuchen
    examining table der Untersuchungstisch
 (to) *exhale* ausatmen
    eye das Auge
 (to) *faint (pass out)* in Ohnmacht fallen/ohnmächtig werden
    fee (per visit) das Honorar (pro Besuch)
 (to) *feel better* sich besser fühlen
 (to) *feel dizzy* schwindlig sein *(dative)*
 (to) *feel nauseous* Brechreiz verspüren
 (to) *feel terrible* elend gehen *(dative)*
 (to) *feel unwell* sich nicht gut/schlecht fühlen
    fever das Fieber
    flu die Grippe
    food poisoning die Lebensmittelvergiftung
    general practitioner (GP) der praktische Arzt/Hausarzt
 (to) *have a cold* erkältet sein/eine Erkältung/einen Schnupfen haben
 (to) *have a medical examination* sich ärztlich untersuchen lassen
 (to) *have difficulty breathing* Atembeschwerden haben
    head der Kopf
    headache die Kopfschmerzen *(m. pl)*/das Kopfweh
    health insurance form der Krankenschein
    heart das Herz
    heartbeat der Herzschlag
    hospital das Krankenhaus
    house call der Hausbesuch
    ill /sick krank
    illness /disease die Krankheit
 (to) *inhale* einatmen
    intestine der Darm
 (to) *itch* jucken
 (to) *lie down* sich hinlegen
 (to) *listen to the heart/lungs* die Herztöne/die Lungen abhorchen
 (to) *look (at)* schauen (auf)/anschauen
    lung(s) die Lunge(n)
 (to) *make a diagnosis* eine Diagnose stellen
    medical examination die ärztliche Untersuchung
    medicine das Medikament
    menstrual period die Regel
    migraine headache die Migräne
    mild leicht

mouth   der Mund

nausea   der Brechreiz

needle   die Nadel

nose   die Nase

nurse (female)   die Krankenschwester/Krankenpflegerin

nurse (male)   der Krankenpfleger

(to)   *open*   öffnen

packet (small envelope of medication)   das Briefchen

pain/ache   der Schmerz

(to)   *pass out /faint*   in Ohnmacht fallen/ohnmächtig werden

patient   der Patient, die Patientin

pharmacy   die Apotheke

pill   die Tablette/Pille

practice   die Praxis

(to)   *prescribe (a medicine)*   (ein Medikament) verordnen/verschreiben

prescription   das Rezept

pulse   der Puls

rash   der Ausschlag

receptionist (at a doctor's office)   die Sprechstundenhilfe

(to)   *regain consciousness/come to*   wieder zu sich kommen

(to)   *roll up one's sleeve*   seinen Ärmel hochkrempeln

serious   ernst/schlimm/schwer

seriously ill   schwer krank

sick /ill   krank

sick person   der/die Kranke

sleeve   der Ärmel

(to)   *sneeze*   niesen

sore   wund

sore throat   die Halsschmerzen *(m. pl.)*/das Halsweh

specialist   der Spezialist, die Spezialistin/der Facharzt, die Fachärztin

specialty   der Fachbereich

spot   der Fleck

stomach   der Magen/Bauch

stomach ache   die Magenschmerzen/Bauchschmerzen *(m. pl)*

stretcher   die Krankenbahre

stuffed /congested   verstopft

(to)   *suffer from*   leiden (an)

symptom   das Symptom

(to)   *take a blood specimen*   eine Blutprobe abnehmen

(to)   *take a deep breath*   tief Atem holen

(to)   *take a urine specimen*   eine Urinprobe nehmen

(to)   *take an X-ray (of ___)*   eine Röntgenaufnahme (von ___) machen

(to)   *take one's blood pressure*   den Blutdruck messen

(to)   *take one's pulse*   den Puls fühlen/nehmen

(to)   *take one's temperature*   das Fieber messen
         temperature   das Fieber
(to)   *test one's eyes*   seine Augen testen
         thermometer   das Fieberthermometer
         throat   der Hals
         tired   müde
         torso /upper body   der Oberkörper
(to)   *treat*   behandeln
         unconscious   ohnmächtig
(to)   *undress*   freimachen
         upper body /torso   der Oberkörper
         urine specimen   die Urinprobe
         visit   der Besuch
(to)   *visit/consult*   aufsuchen
(to)   *vomit*   brechen/(sich) erbrechen/sich übergeben
         wrist   das Handgelenk
         X-ray   die Röntgenaufnahme
(to)   *X-ray*   röntgen/eine Röntgenaufnahme machen

Der Unfall

         accident   der Unfall
         adhesive bandage   das Pflaster/Heftpflaster
         ankle/knuckle   der Knöchel
         bandage/dressing   der Verband/die Binde
(to)   *bandage/dress the wound*   einen Verband auf die Wunde legen
         blood   das Blut
(to)   *break one's leg*   sich das Bein brechen
         compound fracture   der komplizierte Bruch
         crutch   die Krücke
(to)   *cut one's (foot/finger)*   sich in (den Fuß/Finger) schneiden
(to)   *dress the wound/bandage*   einen Verband auf die Wunde legen
         dressing/bandage   der Verband/die Binde
(to)   *fall*   fallen
         fracture/break   der Knochenbruch
(to)   *hurt/injure*   verletzen
         It hurt (me) badly.   Es hat mir (sehr) weh getan.
         leg   das Bein
(to)   *lose blood*   Blut verlieren
(to)   *put a cast on one's (leg/arm)*   (das Bein/den Arm) in Gips legen
         scar   die Narbe
(to)   *set the bone*   den Knochen einrichten
         simple fracture   der einfache Bruch
         sprain   die Verstauchung

(to) *sprain one's ankle*   sich den Knöchel verstauchen
      stitch/suture   die Naht
(to) *stitch (up)/suture the wound*   die Wunde nähen
      surgeon   der Chirurg, die Chirurgin
      tetanus shot   die Tetanusspritze
(to) *twist one's ankle*   sich den Knöchel verrenken
(to) *visit/consult*   besuchen
      wound   die Wunde

In der Apotheke

      adhesive bandage   das Pflaster/Heftplaster/Hansaplast
      ampoule   die Ampulle
      antibiotic   das Antibiotikum
(to) *avoid*   meiden
      before going to sleep   vor dem Schlafengehen
      bottle   die Flasche
      by prescription   rezeptpflichtig
      capsule   die Kapsel
      cough drop/lozenge   die Hustenpastille
      cough syrup   das Hustenmittel/der Hustensaft/Hustensirup
      drugstore (toiletries only)   die Drogerie
      elastic bandage   die elastische Binde/Bandage
(to) *fill the prescription*   das Rezept einlösen
      gauze bandage   die Mullbinde
(to) *inject*   einspritzen
      iodine tincture   die Jodtinktur
      meal   die Mahlzeit
      mouthwash   das Mundwasser
      nonprescription/over-the-counter drug   das nichtrezeptpflichtige Medikament
      package   das Päckchen
      personal hygiene   die Körperpflege
      pharmacist   der Apotheker, die Apothekerin
      pharmacy   die Apotheke
      powdered medicine   das Arzneipulver
(to) *prepare*   vorbereiten
(to) *prescribe*   verschreiben
      prescription   das Rezept
      prescription drug   das rezeptpflichtige Medikament
      roll of adhesive tape   die Rolle Heftpflaster
      shampoo   das Shampoo/Shampoon/Schampon
      soap   die Seife
      solution   die Lösung
      sterile   steril

small envelopelike packet of powdered medicine   das Briefchen
taking/using   die Einnahme
tissue/kleenex   das Tempotaschentuch
toiletries   die Toilettenartikel
toothbrush   die Zahnbürste
tube of toothpaste   die Tube Zahnpasta
vial (small bottle)   das Fläschen
vial of medicine   das Arzneifläschchen
(to)   wait   warten
while taking this medicine   während der Einnahme dieses Medikaments

Sport

armstand   der Handstand
attack   der Vorstoß
back float   das Rückenlagetreiben
backstroke   das Rückenschwimmen
backwards   rückwarts
ball   der Ball
breaststroke   das Brustschwimmen
butterfly stroke   das Schmetterlingsschwimmen
cable car lift/funicular   die Seilschwebebahn
(to)   catch the ball   den Ball fangen
chairlift   der Sessellift
crawl   das Kraulschwimmen
cross-country skiing   der Langlauf
(to)   defend   verteidigen
defender   der Verteidiger
dive   der Kunstsprung
(to)   dive   kunstspringen
diver   der Springer, die Springerin
diving   das Springen/das Kunstspringen/das Wasserspringen
diving board   das Sprungbrett
doubles match   das Doppelspiel
downhill skiing   der Abfahrtslauf
(to)   drive (golf)   treiben
entry (diving)   das Eintauchen
(to)   even up the score   den Spielstand gleichen
feet first   mit den Füßen voran
(to)   float on one's back   sich in Rückenlage treiben lassen
forwards   vorwärts
out/out of bounds   das Aus
game/match   das Spiel
goal   das Tor

goal post   der Torpfosten
goalie/goalkeeper   der Torwart/Tormann
golf   das Golf
golf ball   der Golfball
golf club   der Golfschläger
golf course   der Golfplatz
golfer   der Golfspieler, die Golfspielerin
green (golf)   das Grün
handle   der Griff
head first   mit dem Kopf voran
(to) *head the ball*   (den Ball) köpfen
header   der Kopfstoß
(to) *hike*   wandern
(to) *hit*   treffen
hole   das Loch
ice skate   der Schlittschuh
(to) *ice skate*   schlittschuhlaufen/eislaufen
ice skating rink   die Schlittschuhbahn/die Eisbahn
(to) *impose a penalty kick*   einen Strafstoß verhängen
indoor swimming pool   das Hallenbad/die Schwimmhalle
(to) *jog*   joggen
kick   der Fußtritt
(to) *kick*   kicken
lake   der See
left outside (forward)   der Linksaußen
libero/sweeper (soccer)   der Libero
(to) *lose*   verlieren
love (tennis)   null
match/game   das Spiel
midfielder   der Mittelfeldspieler
net/netball   der Netzball
ocean/sea   das Meer
offense   der Angriff
outdoors   draußen
opponent   der Gegner
outdoor pool   das Freibad
(to) *pass the ball (to someone)*   den Ball (an jemanden) abgeben
penalty kick   der Strafstoß
perspiration/sweat   der Schweiß
pike position (diving)   gebückt
(to) *play*   spielen
player   der Spieler, die Spielerin
playing field   der Sportplatz
point   der Punkt

pool   das Schwimmbecken
(to)   *punch (the ball)*   fausten
(to)   *putt (golf)*   putten
racket   der Tennisschläger
referee   der Schiedsrichter, die Schiedsrichterin
(to)   *return (a ball)*   zurückschlagen
receiver (tennis)   der Rückschläger, die Rückschlägerin
right inside (forward)   der rechte Innenstürmer
(to)   *roller skate*   rollschuhlaufen
rope tow   der Schlepplift
score   der Spielstand
scuba diving   das Gerätetauchen/Sporttauchen
sea   die See/das Meer
(to)   *serve (tennis)*   aufschlagen
server   der Aufschläger, die Aufschlägerin
(to)   *shoot, kick (soccer)*   schießen
side line   die Seitenlinie
sidestroke   das Seitenschwimmen
singles match   das Einzelspiel
ski   der Schi
(to)   *ski*   schilaufen
ski boot   der Schischuh/Schistiefel
ski instruction   der Schiunterricht
ski instructor   der Schilehrer, die Schilehrerin
ski lodge   die Schihütte
shi pole   der Schistock
ski run   die Piste
skier   der Schiläufer, die Schiläuferin
skiing   das Schilaufen
slalom course   die Slalompiste
soccer ball   der Fußball
soccer field   der Fußballplatz
soccer game/match   das Fußballspiel
soccer player   der Fußballspieler/der Fußballer
sport   der Sport
stadium   das Stadion
stands (seating)   die Tribüne
starting position   die Absprungstellung
steep   steil
straight position (diving)   gestreckt
striking surface (tennis)   die Schlagfläche
sweat/perspiration   der Schweiß
sweat band   das Schweißband
(to)   *swim*   schwimmen

        swimmer   der Schwimmer, die Schwimmerin
        swimming   das Schwimmen
        swimming pool   das Schwimmbecken
        swimming stroke   der Schwimmstil
(to)   *take possession of the ball*   den Ball in Besitz nehmen
        team   die Mannschaft
        tennis   das Tennis
        tennis ball   der Tennisball
        tennis court   der Tennisplatz
        tennis match   das Tennisspiel
        tennis net   das Tennisnetz
        tennis player   der Tennisspieler, die Tennisspielerin
        tennis racket   der Tennisschläger
        tennis shirt   das Tennistrikot
        tennis shorts   die Tennishose
        tennis skirt   der Tennisrock
        tennis sneaker   der Tennisschuh
(to)   *throw (in) the ball*   den Ball einwerfen
        tied (score)   unentschieden
        tuck (diving position)   gehockt
        double chair lift   der Doppelsessellift
        umpire   der Schiedsrichter, die Schiedsrichterin
        waterskiing   das Wasserschilaufen
(to)   *whistle*   pfeifen
(to)   *win*   gewinnen
        windsurfing   das Windsurfing
        zero   null

Der Unterricht

        algebra   die Algebra
        art   die Kunst
        art history   die Kunstgeschichte
(to)   *attend*   besuchen
        auditor   der Gasthörer, die Gasthörerin
        biology   die Biologie
        board of examiners   die Prüfungskommission
        chemistry   die Chemie
(to)   *choose/select*   wählen
        comparable   vergleichbar
        computer science   die Informatik
        compulsory school   die Pflichtschule
        course   der Kurs
        degree   der Grad

diploma   das Diplom
doctoral dissertation   die Doktorarbeit
doctorate   der Doktorgrad
dormitory   das Studentenheim
elective (subject)   das Wahlfach
(to)   *enroll (in the University)*   (an der Universität) immatrikulieren
(to)   *enroll for/in (a course)*   (einen Kurs) belegen
faculty   der Lehrkörper
(to)   *fail*   durchfallen
failing (grade)   ungenügend
(special) field   das Fachgebiet
field of knowledge   das Wissensgebiet
field of study   das Studienfach
financial aid   die Studienbeihilfe
foreign language   die Fremdsprache
geography   die Geographie/Erdkunde
geometry   die Geometrie
German language and literature   die Germanistik
grade/mark   die Note
graduation   der Schulabschluß
history   die Geschichte
home economics   die Hauswirtschaft
instruction   der Unterricht
latin   das Latein
(to)   *learn*   lernen
lecture (course)   die Vorlesung
literature   die Literatur
locker   das Schließfach
lodger   der Untermieter, die Untermieterin
major   das Hauptfach
mark/grade   die Note
master's degree   der Magistergrad
math(ematics)   die Mathe(matik)
minor   das Nebenfach
music   die Musik
natural science   die Naturwissenschaft
occupation/profession   der Beruf
oral examination   die mündliche Prüfung
out-of-town   auswärtig
(to)   *pass (an exam)*   bestehen
passing (grade)   ausreichend
philosophy   die Philosophie
physical education   der Sport
physics   die Physik

postsecondary school   die Hochschule
pupil   der Schüler, die Schülerin
preschool   der Kindergarten
primary grades   die Grundschule
profession/occupation   der Beruf
professor   der Professor/die Professorin
psychology   die Psychologie
(to)   *register (in the University)*   sich (an der Universität) einschreiben/anmelden
registration fee   die Anmeldegebühr/Einschreibegebühr
required class/course   die Pflichtvorlesung
required subject   das Pflichtfach
required to attend school   schulpflichtig
research   die Forschung
satisfactory (grade)   befriedigend
schedule   der Stundenplan
scholarship   das Stipendium
school   die Schule
school/division (of a university)   die Fakultät
secondary school   die Oberschule
secondary school diploma entitling the recipient to study at a university   das Abitur/Abi
secondary school offering the Abitur   das Gymnasium
(to)   *select/choose*   wählen
semester   das Semester
social science   die Sozialwissenschaft
sociology   die Soziologie
state examination (required at end of university studies, e.g. for teaching, law, etc.)   das
    Staatsexamen
student (Gymnasium)   der Gymnasiast/die Gymnasiastin
student (university)   der Student, die Studentin/der Studierende
student cafeteria   die Mensa
student dormitory   das Studentenheim
student lodging room   die Studentenbude
study/studies   das Studium
subject   das Fach
(to)   *take courses/be enrolled in a university*   studieren
(to)   *take an examination*   eine Prüfung ablegen
(to)   *teach*   lehren/unterrichten
teacher   der Lehrer, die Lehrerin
technical college   die Technische Hochschule
test   die Prüfung
training   die Ausbildung
trigonometry   die Trigonometrie

tuition die Studiengebühr
university die Universität
unsatisfactory (grade) mangelhaft
zoology die Zoologie

Index

In the following Index, the numbers in bold indicate the page number in the Appendix of the vocabulary list for each Communicative Topic in the book.

New from McGraw-Hill
Schaum's Foreign Language Series!

These books provide the everyday vocabulary you need to survive in real-life situations. Progress from one proficiency level to the next by studying the vocabulary presented in the recurring themes which appear in each book (e.g., directions for travel, receiving emergency medical care, ordering food in a restaurant). The audio cassettes provide useful drills and exercises for developing effective pronunciation and listening skills.

COMMUNICATING IN SPANISH Novice
Order code 056642-9/$8.95 WITH CASSETTE 911016-9/$14.95

COMMUNICATING IN FRENCH Novice
Order code 056645-3/$8.95 WITH CASSETTE 911018-5/$14.95

COMMUNICATING IN SPANISH Intermediate
Order code 056643-7/$8.95 WITH CASSETTE 911017-7/$14.95

COMMUNICATING IN FRENCH Intermediate
Order code 056646-1/$8.95 WITH CASSETTE 911019-3/$14.95

COMMUNICATING IN SPANISH Advanced
Order code 056644-5/$8.95

COMMUNICATING IN FRENCH Advanced
Order code 056647-x/$8.95

COMMUNICATING IN GERMAN Novice
Order code 056934-7/$9.95

COMMUNICATING IN GERMAN Intermediate
Order code 056938-X/$9.95

COMMUNICATING IN GERMAN Advanced
Order code 056941-X/$9.95

The books in this series teach the practical Spanish or French needed to read or communicate effectively in your major field of study or profession. Each topic is presented at the equivalent of the third semester of language study at the college level.

BUSINESS AND MARKETING
COMERCIO Y MARKETING
Order code 056807-3/$10.95
COMMERCE ET MARKETING
Order code 056811-1/$10.95

LAW AND CRIMINOLOGY
DERECHO Y CRIMINOLOGÍA
Order code 056804-9/$11.95
DROIT ET CRIMINOLOGIE
Order code 056808-1/$11.95 (Available 1995)

FINANCE AND ACCOUNTING
FINANZAS Y CONTABILIDAD
Order code 056806-5/$10.95
FINANCE ET COMPTABILITÉ
Order code 056810-3/$10.95

ECONOMICS AND FINANCE
ECONOMÍA Y FINANZAS
Order code 056824-3/$9.95
ÉCONOMIE ET FINANCE
Order code 056825-1/$9.95

MEDICINE AND HEALTH SERVICES
MEDICINA Y SERVICIOS MÉDICOS
Order code 056805-7/$11.95
MÉDECINE ET SOINS MÉDICAUX
Order code 056809-x/$11.95

SOCIOLOGY AND SOCIAL SERVICES
SOCIOLOGÍA Y SERVICIOS SOCIALES
Order code 056817-0/$10.95
SOCIOLOGIE ET SERVICES SOCIAUX
Order code 056821-9/$10.95

EDUCATION AND THE SCHOOL
EDUCACIÓN Y DOCENCIA
Order code 056818-9/$10.95
ÉDUCATION ET ENSEIGNEMENT
Order code 056822-7/$10.95 (Available 1995)

TOURISM AND HOTEL MANAGEMENT
TURISMO Y HOSTELERÍA
Order code 056816-2/$10.95
TOURISME ET HÔTELLERIE
Order code 056820-0/$10.95 (Available 3/93)

POLITICAL SCIENCE AND INTERNATIONAL RELATIONS
CIENCIA POLÍTICA Y RELACIONES INTERNACIONALES
Order code 056819-7/$10.95
SCIENCES POLITIQUES ET RELATIONS INTERNACIONALES
Order code 056823-5/$10.95 (Available 1995)

ASK FOR THESE TITLES AT YOUR LOCAL BOOKSTORE!

If they are not available, mail the following coupon to McGraw-Hill, Inc.

ORDER CODE	TITLE		QUANTITY	$ AMOUNT
_____	_____		_____	_____
_____	_____		_____	_____
_____	_____		_____	_____
		LOCAL SALES TAX		_____
		$1.25 SHIPPING/HANDLING		_____
		TOTAL		_____

NAME _____

(please print)

ADDRESS _____

(no P.O. boxes please)

CITY _____ **STATE** _____ **ZIP** _____

ENCLOSED IS ❑ **A CHECK** ❑ **MASTERCARD** ❑ **VISA** ❑ **AMEX** (✓ one)

ACCOUNT # _____ **EXP. DATE** _____

SIGNATURE _____

PRICES SUBJECT TO CHANGE WITHOUT NOTICE AND MAY VARY OUTSIDE U.S.
FOR THIS INFORMATION, WRITE TO THE ADDRESS ABOVE OR CALL THE **800** NUMBER.

Make checks payable to
McGraw-Hill, Inc.

Mail with coupon to:
McGraw-Hill, Inc.
Order Processing S-1
Princeton Road
Hightstown, NJ 08520

or call 1-800-338-3987